MAXIMILIAN KOLBE

JEDEM IST DER WEG GEWIESEN

Texte eines Martyrers

SCHWABENVERLAG OSTFILDERN 1

Die Übertragung der Texte von P. Maximilian Kolbe besorgten Angehörige des Ordens der Franziskaner-Minoriten in Deutschland unter Mitwirkung von Stanislaus Strojecki.

Textauswahl: Paul Löcher

Umschlagbild: Konzentrationslager Auschwitz, Bunker 14, in dem P. Maximilian Kolbe untergebracht war (KNA-Pressebild).

Einbandgestaltung: Stefan Herzog

ISBN 3 7966 052 65

Gesamtherstellung SV-Druck, Ostfildern 1

ZUM GELEIT

Von Bischof Dr. Georg Moser

Die Veröffentlichung dieser Originaltexte von Maximilian Kolbe begrüße ich außerordentlich. Neben den biographischen Werken über den Martyrer von Auschwitz steht nun endlich ein Buch, in dem der Selige selbst zu Wort kommt. Diese Zeugnisse vermitteln einen direkten Zugang zum Denken und Leben eines Mannes, der uns Wesentliches zu sagen hat. Die Texte bestätigen, daß Maximilian Kolbe nicht in Vergessenheit geraten darf. Zwar gibt es den Einwand, man soll heute weniger von den KZ's der Vergangenheit, sondern mehr von den Grausamkeiten reden, die gegenwärtig in aller Welt begangen werden. Dieser Einwurf trifft jedoch die vorliegende Publikation nicht. Denn hier geht es nicht in erster Linie um die Kritik an den Unmenschlichkeiten einer bestimmten Zeit und eines Regimes. Hier wird vielmehr exemplarisch deutlich, welch leuchtende und rettende Kraft der christliche Glaube auch noch innerhalb solcher Finsternis besitzt.

Auf der Titelseite ist der Bunker 14 in Auschwitz abgebildet. Mit polnischen Freunden habe ich außer seinem Kloster Niepokalanów auch die Stätten und Räume besucht, in denen Maximilian Kolbe die letzte Wegstrecke seines Lebens durchgehalten und sich als Heiliger des Friedens bewährt hat. Wir überschritten den Platz, auf dem er sein freiwilliges Lebensopfer für einen Familienvater angeboten hat. Wir beteten vor seiner Todeszelle. Was einen da zutiefst berührt, ist freilich die Grausamkeit nationalsozialistischer Tyrannen — mehr aber noch die Glaubens- und Liebeskraft eines Heiligen, die bis zum Martyrium reicht.

Vor dem Hintergrund von Bunker 14 drängt sich die Frage auf: Aus welchem Geist und aus welchen Beweggründen hat der hier ermordete Priester gelebt? Da spürt man etwas von der Provokation eines Menschen, der sich bedingungslos und bis zum Äußersten der Nachfolge Christi verschrieben hat.

Heutzutage ist viel von Spiritualität die Rede, vom Leben aus dem Geist Gottes. Maximilian Kolbe zeigt, welche Form ein solches Leben annehmen und zu welchen Konsequenzen es führen kann. Es wäre zu wenig, ihn darob nur zu bewundern. Bewunderung allein verliert sich allzu rasch in Unverbindlichkeit. Heilige aber wollen keine reservierte Bewunderung, sondern Nachfolge. Das besagt nicht, daß wir sie im einzelnen nachzuahmen hätten. Wir sollten vielmehr das Grundmuster ihres Lebens kennenlernen und uns selber ernsthaft fragen: Was heißt Leben aus dem Geist Gottes für mich? Was bedeutet Nachfolge Christi in meiner Lebenslage, angesichts meiner Talente, meiner Schwächen? Wenn die hier vorgelegten Texte solche Fragen aufkommen lassen und zu lebensvoller Antwort führen, haben sie ihr eigentliches Ziel erreicht.

Rottenburg am Neckar, 29. Juni 1977

Bischof

ZUR SPIRITUALITÄT MAXIMILIAN KOLBES

Von Paul Löcher

Vielleicht schreibt einmal jemand die Geschichte der Menschlichkeit in dem von Unmenschlichkeit und Tyrannei so schrecklich mitgeprägten 20. Jahrhundert. Er müßte redlicherweise den 14. August des Kriegsjahres 1941 als eines der denkwürdigsten Daten dieser Zeit vermerken. Vor dem, was an jenem Tag geschah, verblassen viele Großtaten der Humanität, die man zu registrieren hätte, so edel und wirkungsvoll sie gewesen sein mögen: Da opfert ein Mensch sein Leben, damit ein anderer weiterleben kann. Niemand zwingt ihn dazu; kein Zufall ist im Spiel wie draußen auf den Schlachtfeldern, wo die Kugel vielleicht einen trifft, der mit seinem Tod den hinter ihm Stehenden rettet; keine Lebensmüdigkeit treibt ihn zu dem Entschluß. Mit vollem Bewußtsein, ganz aus freien Stücken geht er in den Tod, damit einem Familienvater das Leben bewahrt bleibt, dessen gewaltsames Ende die Schergen des Tyrannen bereits verfügt haben. Und den, für den er stirbt, kennt er kaum.

Der freiwillige Opfertod des polnischen Minoritenpaters Maximilian Kolbe im Konzentrationslager Auschwitz hat weit über den Bereich der katholischen Kirche hinaus Beachtung gefunden. Er hat selbst denen Respekt abgerungen, die wohl normalerweise von dem schlichten Franziskaner nie Notiz genommen hätten, wäre er nicht diesen Tod gestorben. Kolbes heroisches Ende begründete seinen Ruf und seine rasche Berühmtheit in aller Welt.

Die Kirche sprach ihn bereits dreißig Jahre nach seinem Tod selig — ein bemerkenswertes Tempo, wenn man bedenkt, wie lange sich Kanonisationsprozesse in der Regel hinziehen.

Die zeitgeschichtliche Kulisse, vor der sich die spektakuläre Selbstaufopferung des Priesters Maximilian Kolbe ereignete, trug zweifellos entscheidend zum Ruhme dieser Tat bei. Während ringsum ein mörderischer Krieg tobt und in den Konzentrationslagern der nationalsozialistischen Gewaltherrscher die perversesten Brutalitäten erfunden werden, um zu quälen und zu töten, setzt ein einzelner Mensch ein Zeichen der Liebe, das im krassesten Widerspruch steht zu den ekelhaften Unmenschlichkeiten, von denen die Welt heimgesucht wird, und das wie ein strahlendes Licht aus jener dunklen Zeit hervorleuchtet. Kolbes frei gewählter Tod für einen Mitmenschen erreicht, so gesehen, eine einsame Höhe humanitären Handelns.

Die Betrachtung unter rein zeitgeschichtlichen Aspekten kann indes der eigentlichen Bedeutung dieses Sterbens nicht gerecht werden. Die Frage muß sich aufdrängen, welches die tieferen Beweggründe für die — nach Augenzeugenberichten — so spontane Entscheidung des 47jährigen Kolbe zum Tode waren. Wer sein Leben so vollendet, in jener selbstverständlichen Gelassenheit, von der die Biographen berichten, muß zuvor einen Weg gegangen sein, der dies alles innerlich vorbereitet hat und sinnvoll erscheinen läßt. Kolbes Entscheidung in Auschwitz kann kein Kurzschluß gewesen sein; er hat sie nicht zu revidieren versucht, obwohl es Tage dauerte, bis man ihm nach qualvollem Aufenthalt im Hungerbunker die todbringende Spritze gab.

Die bisher in deutscher Sprache erschienenen biographischen Veröffentlichungen über Pater Maximilian Kolbe (siehe Anhang) schließen wohl Hinweise auf die Geistes- und Glaubenswelt des Seligen ein; indes steht eine gründliche Untersuchung über die Quellen und Ausprägungen seiner Spiritualität noch aus. Diese kann und will auch das vorliegende Buch nicht leisten. In ihm soll vielmehr der Martyrer von Auschwitz selbst zu Wort kommen und bezeugen, wer er war, was er glaubte und aus welchem Geist er lebte.

Maximilian Kolbe hat von seiner Marienstadt Niepokalanów aus eine außerordentlich rege journalistische Tätigkeit entfaltet. Aber auch sein seelsorgerliches und missionarisches Wirken in Polen und im Fernen Osten hat in zahlreichen schriftlichen Dokumenten seinen Niederschlag gefunden. Sieben Bände umfaßt die Sammlung seiner Texte, die für den Seligsprechungsprozeß zusammengestellt wurde: Zeitschriftenartikel, Predigttexte, Briefe, Manuskripte, in denen er fragmentarisch Gedanken für weitere geplante Schriften festhielt. Aus der Fülle dieses reichen Materials wurden für das vorliegende Buch längere und kürzere Zitate ausgewählt, die für die Gläubigkeit und den Frömmigkeitsstil Maximilian Kolbes charakteristisch erscheinen. Die Auswahl erhebt nicht den Anspruch, einen repräsentativen Querschnitt durch das literarische Schaffen Kolbes zu bieten; sie möchte nicht mehr als den Blick freimachen auf jene Glaubenswelt hin, aus der allein der Opfertod des Seligen begreifbar wird.

Kolbes frei gewähltes Martyrium ist eingebettet in eine Religiosität, die von zwei Elementen wesentlich geprägt wird: von einem bedingungslosen Glauben an die überlieferte Lehre der Kirche und von einer ausgesprochen marianischen Frömmigkeit.

Wenngleich Maximilian Kolbe — er war selbst Doktor der Theologie — in seinen Schriften bisweilen kühne Gedankengänge wagt, wird man doch vergeblich sensationelle theologische Neuentdeckungen oder Neuformulierungen bei ihm suchen. Wo er von den Grundwahrheiten des Glaubens spricht, sei es unterweisend, sei es apologetisch, lesen sich seine Ausführungen wie die Sätze aus einem Katechismus — gewürzt allerdings mit jenem Schuß Journalismus, der Kolbes Weltoffenheit und seinen Sinn für die Realitäten des Lebens belegt. Letzteres macht es aus, daß seine Gedanken vielfach auch den Menschen von heute noch zur Meditation anregen können.

Das Menschenbild Kolbes ist das Bild des Menschen, der in der Ordnung der Welt seinen ihm von Gott zugewiesenen Platz hat und dem in der Heilsordnung der Weg gewiesen ist zu seiner eigenen Heiligung. Dieses Ziel, heilig, gottähnlich zu werden — »göttlich«, wie es der Selige bisweilen ausdrückt —, ist die vordringlichste Aufgabe des Menschen. Ihr hat sich alles unter- und zuzuordnen.

Der Gedanke an das letzte Ziel des Menschen, der zur ewigen Anschauung Gottes berufen ist, wird Grund und Ausgangspunkt der rigorosen asketischen Forderungen, die Kolbe sich selbst stellt und die er seinen Mitbrüdern im Orden und allen Menschen, für die er schreibt und zu denen er spricht, unablässig vorträgt. Er tut es mit einem Ernst und Eifer, der an den Absolutheitsanspruch des Christlichen erinnert, wie ihn der Franzose Léon Bloy († 1917) einst mit unerbittlicher Strenge formuliert und vertreten hat. Wie dieser sagt Kolbe jeder Mittelmäßigkeit den Kampf an. Das immer wieder neu beschworene „Ziel" erfordert den ganzen Einsatz der Person, die totale Vergeistigung des Lebens, die bedingungslose Unterwerfung unter den Willen Gottes, die konsequente Nachfolge Christi.

Aber Kolbe proklamiert das »Ziel« nicht nur; er, der

Seelsorger, zeigt auch die Mittel auf, die dem Menschen zur Hand sind, um das zu erreichen, wozu er mit seinen eigenen schwachen Kräften nicht fähig wäre: Es ist einmal die Gnade Gottes, die jedem in dem Maße zuteil wird, wie er sie zu seiner Vollendung benötigt; und zum anderen der ernste Wille des Menschen, auch selbst an seiner Vervollkommnung mitzuwirken.

Daß jedem von Gott sein je eigener Weg zum Ziel gewiesen ist und daß der Mensch, der sich dem Willen Gottes ganz anheimgibt, dieses Ziel auch erreichen kann, das war die feste Überzeugung von Pater Kolbe. Das Wissen, allezeit in der Hand Gottes zu sein, der in seiner unendlichen Güte nur das Beste für den Menschen will, gab ihm die beruhigende Gewißheit, daß keine noch so ärgerliche, peinliche oder schmerzhafte Widerwärtigkeit dieses Lebens ohne Sinn ist. Er ist sich dessen sicher, daß Gott prinzipiell nichts schickt, was dem, der mit der Gnade mitzuwirken bereit ist, zum Schaden gereichen würde. Was der glaubensschwache moderne Mensch grollend oder resignierend als »Leid«, als »Schicksalsschlag« oder »Unglück« bezeichnen würde, ist für Kolbe immer noch eine Fügung Gottes, die zum Heile, zur Heiligung nutzbar gemacht werden kann.

Dies war sozusagen der Grundton seines Glaubens; er klingt in vielen Texten dieses Buches auf. Er bestimmt die Melodie seines Lebens, die von Dissonanzen wahrhaftig nicht frei war. Auch ein Maximilian Kolbe erlebt Rückschläge beim Aufbau seines weltweit konzipierten apostolischen Werkes der „Militia Immaculatae“. Enttäuschungen im Kreise der Mitbrüder bleiben ihm nicht erspart. Schikanen der deutschen Besatzungsmacht, erzwungene Einschränkung seiner Pressetätigkeit, Verbote, Verhöre, Verhaftungen, schließlich die Einlieferung ins Konzentrationslager — alles muß er über sich ergehen lassen. Aber Maximilian Kolbe hadert nicht mit seinem Schicksal, er jammert nicht, man hört ihn nicht klagen und anklagen. Wo andere zweifeln und am Verzweifeln sind, hilft er mit der Kraft seines klärenden und tröstenden Wortes; wo andere hassen, liebt er noch. Selbst in den dunklen Tagen seines Lebens wird er von einem beispiellosen Optimismus getragen. Er ist der allezeit zuversichtliche Christ, der sicher weiß, daß er auf dem Weg zu seinem Ziel ist, an jedem Tag, zu jeder Stunde, und dieses Ziel vor Augen, läßt er sich durch keine Unbill beirren. Es gibt für ihn nichts, was er nicht als den Willen Gottes erkennen und anerkennen würde und zu dem er nicht ja sagen müßte, um es in den lebenslangen Prozeß seiner Heiligung einfügen zu können.

Der Augenblick, in dem Maximilian Kolbe auf dem Lagerplatz von Auschwitz aus dem Glied trat und sich selbst als Opfer für einen Mitmenschen darbot, wird uns immer geheimnisvoll bleiben. Wer mag ergründen, was in jener Sekunde Geist und Seele dieses Priesters bewegte, was ihm den letzten Anstoß gab? Reine Humanität reicht wohl zur Erklärung nicht aus; zu einmalig ist dieser Akt der Selbstüberwindung, der die natürliche Anlage und Neigung des Menschen zur Selbsterhaltung hinter sich läßt. Es muß ein großer Augenblick der Gnade gewesen sein, von der Kolbe so oft sagt, daß sie immer dann zur Verfügung sei, wenn man sie braucht. Und er sagte ja in diesem Augenblick, weil er wußte, daß dies, was da kommen sollte, ihn dem Ziel näher bringen würde, daß es am Ende des Weges stehen sollte, der ihm — ihm ganz allein — gewiesen war. Sein Martyrium ist nicht einfach ein spektakuläres Ereignis der Zeitgeschichte, als das es wohl viele bei vordergründiger Betrachtung einschätzen mögen, sondern Erfüllung und Krönung eines vorbehaltlos aus dem christlichen Glauben gestalteten Lebens.

Dies erkennbar werden zu lassen, ist die vornehmste Absicht der vorliegenden Veröffentlichung, aus der nicht nur der Kolbe von Auschwitz, sondern der ganze Kolbe in Selbstbekenntnis und Selbstzeugnis sprechen soll.

Der ganze Kolbe freilich ist nicht denkbar ohne die glühende marianische Frömmigkeit, die sein Wesen und sein Wirken in unserer Welt des 20. Jahrhunderts so entscheidend bestimmte. Fast unübersehbar sind die Bekundungen seiner Marienliebe. Es gibt kaum einen Artikel, eine Predigt, einen Brief von ihm, in denen er nicht Maria als erhabenes Vorbild preist und als Mutter und Fürsprecherin vorstellt. Seine »Militia Immaculatae« (in Deutschland »Kreuzzug der Unbefleckten« genannt) gründete er bereits als Vierundzwanzigjähriger im Kriegsjahr 1917; sie ist heute über die ganze Erde verbreitet. Als Zentrum moderner Apostolatstätigkeit schuf er die Kloster- und Pressestadt Niepokalanów bei Warschau, von der aus er unermüdlich in Millionen von Zeitschriftenexemplaren den Menschen aller Kontinente den Lobpreis Mariens kündete.

Maximilian Kolbes Mariologie mag manchem gläubigen Leser von heute fremd erscheinen, seine Marienbegeisterung exaltiert. Wenn sich Kolbe immer und immer wieder als Diener Mariens bezeichnet, wenn er die bedingungslose Hingabe an die Unbefleckte propagiert, wenn er vom Willen der Unbefleckten wie vom Willen Gottes selbst spricht, dann mag das manchen »aufgeklärten« Christen von heute vielleicht schockieren. Bei näherem Zusehen wird er allerdings feststellen, daß Kolbes marianische Theologie auf sehr solidem Grund steht und nichts anderes darstellt als eine konsequente Interpretation der heilsgeschichtlichen Tatsachen. Sein Gedankengang ist einfach und durchaus logisch: Maria ist die Unbefleckte, sie war nie mit dem Makel der Erbsünde behaftet; so ist es katholischer Glaube. Weil sie aber frei von der Erbsünde ist, kann sie auch nicht sündigen. Weil sie nicht zur Sünde fähig ist, verkörpert sie das Ideal des Menschen, wie ihn Gott geschaffen hatte und wollte. Sie ist also das gottnächste aller Geschöpfe. Sie, die Sündenfreie, kann nur wollen, was Gott will; daß sie etwas anderes will, ist nicht möglich. Also spiegelt sich im Willen der Unbefleckten getreulich der Wille Gottes. Wenn jemand auf sie hört, ist es, als höre er auf Gott selbst. Man kann sich ihr also bedenkenlos ganz hingeben, ihrem Beispiel und ihren Offenbarungen folgen.

Die mariologischen Gedanken Kolbes sind nichts Außergewöhnliches, nichts Neues. Sie sind einerseits biblisch begründet, andererseits nicht ohne Vorbilder in Theologie und Frömmigkeitsgeschichte. In der Tradition des Franziskanerordens war der Gedanke von der Unbefleckten Empfängnis Mariens seit dem 13. Jahrhundert lebendig. Seine besondere Ausprägung fand er in der Theologie des Johannes Duns Scotus. Gewisse Formulierungen in Kolbes Schriften decken sich fast wortgetreu mit solchen des heiligen Ludwig Grignion von Montfort (1673—1716), der in der »Ganzhingabe an Maria« ein Mittel zur Vervollkommnung des Menschen sah. Die Heiligen und das gläubige Volk haben diese »Ganzhingabe«, die »Weihe« an Maria abertausendmal in ihren frommen Gebeten und Liedern bekannt und vollzogen. »Dein Kind will ich sein« hieß es in dem vielgesungenen Lied »Maria zu lieben«, und das altvertraute Gebet »O meine Gebieterin, o meine Mutter« drückte nichts anderes aus. Viele weitere Texte ähnlichen Inhalts ließen sich anführen.

Kolbe verweist in seinen Schriften immer wieder auf die Rolle Mariens im Erlösungswerk Christi, wodurch ja ihre einzigartige Stellung in der Menschheits- und Heilsgeschichte begründet ist. Und er rühmt sie als die Mittlerin aller Gnaden. Damit bewegt er sich ebenfalls auf gesichertem Boden, wenn auch die Dogmatisierung einzelner mariologischer Sätze (noch) nicht vollzogen ist. Es darf etwa daran erinnert werden, daß sich Kardinal Frings in einem Hirtenbrief zum Abschluß des Marianischen Jahres 1954 ausdrücklich zu Maria als »Gehilfin beim Erlösungswerk und Mittlerin aller Gnaden« bekannte und Papst Paul VI. in seiner Ansprache aus Anlaß der Seligsprechung Kolbes am 17. Oktober 1971 gerade diese Ausprägung der Marienverehrung vor möglichen Verdächtigungen in Schutz nahm, als er erklärte: „Der Selige und mit ihm die Kirche verdienen daher wegen ihrer Begeisterung in der Verehrung der allerseligsten Jungfrau keinen Vorwurf. In Anbetracht des Segens, der auf ihr ruht, kann diese Verehrung nie groß genug sein.«

Pater Kolbe wird man einmal zu den ganz großen Marienverehrern in der Kirchengeschichte zählen dürfen. Seine Liebe zur Muttergottes nimmt mitunter Formen an, die der Marienminne der Mystiker verwandt sind, und manchmal gleitet seine Sprache unversehens ins Hymnische über, wenn er von Maria spricht.

Während Kolbes Marienverehrung in der bisher erschienenen biographischen Literatur begreiflicherweise meist im Vordergrund steht, stellt die vorliegende Auswahl von Texten seine Mariologie nicht unbedingt in den Mittelpunkt. Dies bedeutet keineswegs eine Geringschätzung der marianisch orientierten Frömmigkeit des Seligen, die eine bedeutsame Komponente seines Denkens und wesentlicher Motor seiner apostolischen Aktivitäten ist. Die

Auswahl will vielmehr vor allem deutlich machen, daß diese Mariologie nicht isoliert steht, sondern eingebettet ist in ein die ganze kirchliche Lehre umfassendes, ganz und gar dogmatisch abgesichertes Glaubensbewußtsein. Nur aus der innigsten Gottbezogenheit und Christusverbundenheit wächst Kolbes Marienfrömmigkeit.

Auch eine gründlichere Analyse der Spiritualität Kolbes, als wir sie hier unternehmen konnten, wird vermutlich zu dem Ergebnis kommen, daß der Selige weder der theologischen Forschung noch der Volksfrömmigkeit wesentlich Neues hinzugefügt hat. Kolbe war in allererster Linie Seelsorger, und die Sorge um die Seele war ihm wichtiger als wissenschaftliche Spekulationen. Das Entscheidende an Maximilian Kolbe sind sein leidenschaftliches Engagement, sein unermüdlicher Einsatz für die Ausbreitung des Gottesreiches, seine beispielhafte Aktivität auf dem Gebiet des Missionarischen im weitesten Sinn des Wortes. Solche Aktivität entzündet sich bei ihm am altüberlieferten Glaubensgut der Kirche, von dem er keinen Schritt abweicht. Manches von dem, was er geschrieben hat, mag hinsichtlich seiner inhaltlichen Ausformung und sprachlichen Ausdrucksweise zeitbedingt sein, wohl auch mitgeprägt von der spezifischen Frömmigkeitshaltung seines Volkes und von seinem persönlichen Temperament. In der Sache bleibt es immer bedenkenswert und überdenkenswert, weshalb die vorliegende Textauswahl auch heute noch vielfache Anregung zur Meditation bieten könnte.

Sollte trotzdem jemand versucht sein, zweifelnd oder gar abschätzig auf diesen „veralteten" schlichten Franziskanermönch und seine Theologie herabzuschauen, so möge er bedenken, daß es genau die in diesem Buch dokumentierte unkomplizierte Gläubigkeit war, die Maximilian

Kolbe befähigte, jenen Tod zu wählen und willig zu erleiden, den heute Millionen in aller Welt bewundern. Er möge seinen eigenen Glauben an dem des Martyrers von Auschwitz messen und sich fragen, ob dieser ausreichen würde, daß auch er wie Maximilian Kolbe in der entscheidenden Sekunde aus dem Glied tritt, um sich zu opfern, damit ein Unbekannter leben darf ...

DIE TEXTE

JEDEM IST DER WEG GEWIESEN

Verschiedenartig und ungezählt sind die Wege, auf denen Gott die Heiligen ihrer erhabenen Bestimmung entgegenführt. Er will aus dem Menschen, wie Bossuet sagt, ein Wesen machen, das seiner würdig ist; deshalb muß er ihn verschieden »bearbeiten«, damit er nach seinem Plan geformt wird. Dabei nimmt er Rücksicht darauf, daß den angeborenen natürlichen Fähigkeiten keine Gewalt geschieht. So führte Gott die einen in die Wüste und sonderte sie von den Menschen ab, andere berief er in die Gemeinschaft, damit sie sich auf dem Weg zur Vollkommenheit gegenseitig stützten. Wieder andere beließ er in der Welt, am Pflug, in der Werkstatt oder gar auf Königsthronen. Die einen ließ er sich auszeichnen in weltlicher oder geistlicher Wissenschaft, andere durch ihre soziale Tätigkeit; wieder andere waren zeitlebens Vergessene. Man könnte sagen, einige streichelte er, stärkte sie mit geistlicher Tröstung, andere dagegen sättigte er mit dem harten Brot des Leidens. Und dies alles je nach den Notwendigkeiten für die einzelne Seele im Hinblick auf die Art ihrer Berufung und die Aufgabe, die er ihr bestimmte.

WEG ZU GOTT

Das Glück und die Wahrheit

Es gibt keinen Menschen unter der Sonne, der nicht das Glück suchen würde. Bei allem, was wir tun, haben wir das Glück in dieser oder jener Form als Ziel vor Augen und streben ihm von Natur aus zu. Das Glück aber, das nicht auf der Wahrheit gegründet ist, kann ebensowenig von Dauer sein, wie die Unwahrheit von Dauer ist. Allein die Wahrheit ist das zuverlässige Fundament des Glücks — für den einzelnen Menschen wie für die gesamte Menschheit.

Warum?

Warum versuchen eigentlich so viele, sich selbst und anderen einzureden, es gebe keinen Gott, obwohl sie recht gut wissen, daß alle Wissenschaftler zusammen nicht einmal in der Lage wären, eine unansehnliche Mücke zu erschaffen? Zu behaupten, alles sei durch irgendeinen Zufall entstanden, ist genauso töricht, als wenn man sagen würde, die Uhr sei ohne fremde Hilfe, einfach durch Zufall entstanden. Weshalb gibt es so viele, sogar intelligente und auf anderen Gebieten durchaus beschlagene Leute, die sich nicht im geringsten um die Erkenntnis mühen, welches ihr Lebensziel und welcher Art ihr Verhältnis zu

Gott ist? Warum sind sie auf so vielen Gebieten überaus fortschrittlich, aber rückständig, wo es um die wichtigsten Dinge geht? Warum finden so viele die richtige Literatur, wenn sie sich Wissensstoffe aneignen wollen, während sie andererseits ihre Kenntnisse über die katholische Religion aus unverständigen und sogar zweifelhaften Quellen beziehen, statt das zuverlässigste und verständlichste Buch zur Hand zu nehmen: den Katechismus? Warum ist dies alles so?

Vieles bleibt Geheimnis

Wenn jemand die Möglichkeit hat, dann soll er studieren und soviel wie nur möglich forschen. Aber auf zweierlei möchte ich aufmerksam machen:

1. Wir sollten das Wissen nicht zu hoch einschätzen und immer demütig bekennen, daß noch vieles, sehr vieles Geheimnis ist und weiterhin Geheimnis für uns bleiben wird. Geheimnisse gar, die das Unendliche umschließen — Gott, das göttliche Leben u. ä. —, werden wir mit unserem begrenzten Verstand niemals ergründen können.

2. Es zeugt nicht von Verstand, wenn einer sich beispielsweise in die Untersuchung des Atoms oder anderer Wissensdetails vertieft, darüber aber

vergißt, was das eigentlich letzte Ziel seines Lebens ist und wie er es erreichen könnte, und wenn er erst auf dem Sterbebett darüber nachdenkt, ob es ein Leben nach dem Tode gibt oder nicht. Der Verstand will die Ursache der Dinge erkennen, und je schärfer er ist, desto mehr wird er nach dieser Erkenntnis streben. Wenn aber der Verstand getrübt ist durch ein unmoralisches Leben oder vom Hochmut, wird er gleich am Anfang steckenbleiben und nicht über seine Grenzen hinauskommen können. Schließlich begreift er sich selbst als den Anfang und das Ende der Welt. Ein solcher Verstand ist entweder begrenzt oder unnormal; man könnte ihn auch dumm nennen.

Die Welt ist zu wenig für den Menschen

Der Blick des Ungläubigen reicht nicht weiter als bis zum Sarge. Er kann der rein stofflichen Welt nicht entrinnen. Vernarrt in die Materie, sieht er sein ganzes Glück allein im animalischen Genuß der Welt, der Intelligentere vielleicht noch in der Wissenschaft und in der Kunst. Ist das nicht ein bißchen wenig für den Menschen, der imstande ist, mit seinen Gedanken über die Atmosphäre und über die Sterne hinaus in den Weltenraum vorzudringen; dessen Verstand auf der immerwährenden Suche nach den Ursachen sehr wohl bis zur ersten Ursache und zum letzten Ziel aller Dinge vordringen kann; dessen Herz Ehre und Glück sucht und je mehr es davon erhält, immer mehr davon verlangt und zugleich fühlt, daß alles, was es bekommen kann, und sei es noch so groß, doch immer eine Grenze hat und niemals vollkommene Erfüllung schenken kann, weil sich doch jeder nach einem unendlichen Gut sehnt?

Schaut euch diese Menschen an, die einen so begrenzten Verstand haben und im tiefsten Materialismus befangen sind: Sie wagten es, der Menschheit das Glück zu verheißen! Vielleicht gelingt es ihnen, die Menschen mit materiellen Gütern zu beglücken. Vielleicht werden sie jeden mit Gold überhäufen, ihn mit Ruhm umkränzen und ihm den Genuß aller Vergnügungen ermöglichen. Aber das sind doch alles Vorstellungen einer ungesunden Phantasie. Ich sagte schon: Alles, was die Welt geben kann, reicht doch für den Menschen nicht aus. Alle diese Güter haben doch ihre Grenzen. Sie enttäuschen und wecken das Verlangen nach einem größeren, dauerhaften Glück. Wenn dieses Verlangen fehlt, kommt bald der Überdruß, die Langeweile. Ja, Finsternis wird die Seele umgeben, weil sie spürt, daß sie sich einen falschen Weg zum Glück ausgesucht hat — wenn sie überhaupt noch dazu fähig ist, es zu bemerken.

Gott regiert die Welt

Mitunter ist es wirklich schwierig im Leben. Man meint, es gäbe keinen Ausweg mehr. Mit dem Kopf kann man nicht durch die Wand, und es ist schon manchmal traurig und schwer, grausam, zum Verzweifeln. Warum eigentlich? Ist es wirklich so schlimm auf dieser Welt? Weiß nicht Gott von alledem? Ist er nicht allmächtig? Hält er nicht alle Gesetze der Natur und alle menschlichen Herzen in seiner Hand? Kann denn irgend etwas in der Welt geschehen, ohne daß er es erlaubt? Und wenn er es zuläßt — kann er etwas zulassen, was nicht für mich gut wäre, ja mir sogar nicht zum besten gereichte? Wenn wir für einen kleinen Augenblick über einen unendlichen Verstand verfügen könnten, würden wir nichts anderes zulassen als das, was Gott zuläßt; denn der unendlich Weise weiß am besten, was für unsere Seele gut ist, und als der unendlich Gute will er das und läßt er das zu, was unserem größeren Glück im Himmel dienlich ist. Weshalb sind wir also manchmal so verzweifelt? Weil unser Kopf zu klein ist und wir nicht alles wissen können, sehen wir den Zusammenhang nicht zwischen unserem eigentlichen Glück und den widrigen Umständen, die uns quälen. Was sollen wir also tun? Gott vertrauen. Durch solches Vertrauen — auch ohne letzte Einsicht in die Dinge — erweisen wir gleichzeitig Gott eine große Ehre, denn wir erkennen seine Weisheit, Güte und Macht an.

Quelle des Daseins

Der Mensch ist ein Geschöpf, das aus dem Nichts ins Dasein gerufen wurde und aus sich selbst nichts ist, vollkommenes Nichts. Was er hat und kann, das hat er von Gott, besser noch: In jedem Augenblick erhält er das von Gott, was er braucht. Denn im Dasein bestehen bedeutet: in jedem Augenblick das Dasein empfangen, weil man es nicht in gleicher Weise wie Gott hat. Und auch die Möglichkeit des Wachstums und der Vervollkommnung — das alles kommt ausnahmslos aus dieser Quelle des Daseins. Was ist das für ein Wahnsinniger, der da zu sagen wagte, er könne sich allein und ohne göttliche Hilfe vervollkommnen und vielleicht gar die höchste Vollkommenheit erlangen! Da uns die unendliche Vollkommenheit mangelt, werden wir den Gipfel der Gottebenbildlichkeit niemals erreichen können. Und was ist das für ein Verstand, der wohl einsieht, daß er aus sich selbst nichts ist und alles von außen bekommt, und der dann doch behauptet: Es gibt keinen Gott!

Glück ohne Grenze

Der Mensch will groß sein, klug, reich, berühmt, glücklich, er will geliebt werden und will lieben. Aber kein Glück auf dieser Erde kann ihn befriedigen. Er verlangt immer noch mehr. Wann wird er also zufriedengestellt? Es kann ihm sogar das größte Glück zuteil werden — wenn er noch irgendeine Begrenzung dieses Glücks sieht, verlangt er gleich wieder nach einem anderen und sagt: Ach, wenn es doch diese Grenze nicht gäbe, wenn sie sich nur irgendwo in der Unendlichkeit verlieren würde!

Was für ein Glück also verlangt der Mensch? Er will ein Glück, das unbegrenzt ist in seiner Intensität, in seiner Größe, in seiner Beständigkeit, in allem. So ein Glück ist nur Gott, die unendliche Quelle allen Glücks.

Zur größeren Ehre Gottes

Die erhabenste Bestimmung eines jeden Geschöpfes ist es, Gottes Ehre zu bezeugen. Die vernunftbegabten Wesen bekunden diese Ehre in vollkommener Weise, denn sie sind nicht nur selbst Abbilder der Vollkommenheit Gottes, sondern auch imstande, diese Vollkommenheit zu erkennen und anzuerkennen. Daher Ehre, Anbetung, Danksagung und die Liebe des Geschöpfes zum Schöpfer. Gott liebt uns unendlich und zeigte uns diese Liebe, indem er selbst auf die Erde kam, um uns emporzuheben, zu erleuchten, zu stärken, ja unter grausamsten Schmerzen den schrecklichsten Tod zu erdulden und damit den sündhaften Menschen zu erlösen. Er bleibt selbst für alle Zeit bei uns auf der ganzen Erde, obwohl er von den Undankbaren verlassen und beleidigt wird. Er gibt sich gar selbst als Speise, um uns mit seiner Gottheit zu »vergöttlichen«. Wir müssen ihn deshalb unendlich lieben. Aber als Geschöpfe sind wir dazu nicht fähig, Gott diese unendliche Ehre zu geben. Erweisen wir sie ihm also wenigstens so, wie wir es können, und das in reichlichem Maße.

Läuterungen

Manchmal will es uns scheinen, als regiere Gott diese Welt nicht energisch genug. Er könnte doch mit einer Geste seines allmächtigen Willens alle in Grund und Boden hinein zerstören — die Gottlosen in der Sowjetunion, die Kirchenbrandstifter, alle diejenigen, welche die Jugend verderben usw. Wie kurzsichtig ist doch unser begrenzter Verstand. Die ewige Weisheit urteilt ganz anders. Verfolgungen läutern die Seelen wie Feuer das Gold. Die Hände der Henker schaffen ganze Scharen von Martyrern, und den Verfolgern wird oft am Ende selbst die Gnade der Bekehrung zuteil. Unerforschlich, aber immer am weisesten sind die Wege Gottes. Das darf indes nicht heißen, daß wir unsere Hände in den Schoß legen und den Feinden der menschlichen Seelen alle Freiheit lassen sollen. Gewiß nicht. Nur sollen wir nicht versuchen, die unendliche Weisheit zu korrigieren und den Heiligen Geist zu dirigieren. Wir müssen uns vielmehr seiner Führung ganz überlassen.

□

Europa hat sich heute sehr weit von Gott entfernt, deshalb mußten allerlei Prüfungen über dieses Europa kommen. Natürlich – Gott nimmt uns dabei nicht den freien Willen. Wer will, nützt diese Prüfungen zum Guten; wer es aber nicht will, dem gereichen sie zum Verderben. Jedem so, wie er es will ...

VORBILD CHRISTUS

Gottes unendliche Liebe

Gott kommt auf die Erde und wird Mensch. Der Gott-Mensch Christus Jesus stellt uns das leuchtende Beispiel seines Lebens vor Augen und lehrt durch sein Wort. Gottliebende Seelen verlangen danach, dieses Vorbild in sich nachzugestalten, ihm ähnlich zu werden, sich mit ihm zu vereinigen, ja sich in ihn zu verwandeln. Um die Seelen in Liebe an sich zu ziehen und zu verwandeln, offenbarte Christus der Herr seine unendliche Liebe: Sein Herz, das in Liebe zu den Seelen brennt, hieß ihn aufs Kreuz steigen, in der heiligen Eucharistie bei uns zu bleiben und in unsere Seelen zu kommen. In seinem Testament gab er uns seine eigene Mutter zu der unsrigen. Je mehr eine Seele ihm nachfolgt, desto ähnlicher wird sie ihm, und je ähnlicher sie ihm wird, desto mehr wird sie geheiligt und »vergöttlicht«.

Schau auf den Gekreuzigten!

Täglich und öfter mußt du in schwierigen Situationen besonders auf den Gekreuzigten schauen und lernen, es ihm gleichzutun, dem Ärmsten, der bitterste Leiden und Verhöhnungen von allen hinnehmen mußte und in seinen großen

Schmerzen noch verspottet wurde. Sei Gott gehorsam in allem, und das immer ganz, sofort und blind. Liebe die Feinde, und das um so mehr, je größere Widerwärtigkeiten sie dir bereiten. Jesus sprach ja auch: »Vater, vergib ihnen, denn sie wissen nicht, was sie tun.« Je mehr du in diesem Leben leiden wirst, desto größer wird deine Ehre im Himmel sein.

Auferstehung

Wie Christus auferstanden ist, sollen auch wir auferstehen, um mit Gott zu herrschen. So sagt es ein Kirchenlied. Christus besiegte die Feinde. Sie triumphierten nach seinem Tod am Kreuz und dachten schon, jetzt sei alles zu Ende. Aber es war nur ein Scheintriumph; denn mit der Erniedrigung Christi begann erst die großartige Ausbreitung seiner Lehre.

Auch wir müssen auferstehen. Wir sollen einmal auferstehen und mit Gott ewig herrschen. Aber schon auf dieser Erde müssen wir geistig auferstehen, uns erneuern, damit sich die zukünftige Auferstehung in Herrlichkeit vollziehe. Jesus hat durch seinen Tod und seine Auferstehung die sündige Welt erneuert. Wir müssen unsere sündige Seele erneuern — nicht nur die eigene, sondern auch alle anderen Seelen!

Durch Leiden zur Herrlichkeit

Vergessen wir nicht, immer wieder mit Jesus auf dem Ölberg zu sprechen: »Nicht mein, sondern dein Wille geschehe.« Wenn Gott es für richtig und gut findet, daß es so sei wie auf dem Ölberg, daß unsere Bitte keinen Erfolg haben soll und wir den Kelch bis zur Neige trinken müssen, auch dann wollen wir nicht vergessen, daß Jesus nicht nur gelitten hat, sondern danach in Herrlichkeit auferstanden ist. So müssen auch wir durch Leiden zur Auferstehung kommen.

Christus König

Jesus sagte nicht nein, als ihn Pilatus fragte, ob er ein König sei. Er sagte nur, sein Königtum sei nicht von dieser Welt. Wir wissen, daß Königtum in dieser Welt auf Macht beruht. Ein weltliches Königtum, das auf Liebe gegründet ist, wird man schwerlich finden. Das Königtum Christi ist um vieles tiefer, ist auf der Liebe gegründet und reicht bis in die Seele, bis in den Willen hinein.

Deshalb ist es kein Königtum, das unterdrückt. Jesus zieht die Seelen an sich durch die Liebe.

Die Waffen Satans

Das Ziel Jesu ist die Ehre Gottes und die Erlösung der Seelen. Die Waffen und die Fangarme des Satans sind: Reichtum, Auszeichnung, Vergnügen. Die Waffen Jesu sind: Armut, Verhöhnung, Widerwärtigkeiten. Aber trotzdem ist das alles unendlich lieblicher als das weltliche Leben.

Leben in Liebe

Was nicht Gott ist und wenn es nicht zu Gott führt, ist nichts. Jesus soll in dir leben, die Liebe Jesu durch die brüderliche Liebe, so daß Jesus in allen lebt und herrscht.

Liebe mit Liebe vergelten

Das Kreuz, die Krippe und noch andere Geheimnisse aus dem Leben Jesu sind nichts anderes als Beweise seiner Liebe zu den Menschen. Wer das bedenkt, wird diese Liebe mit Liebe vergelten. Ein Heiliger sagte einmal: »Wenn das Haus brennt, wirft man alle Gegenstände durchs Fenster hinaus.« So ist es auch mit der Seele: Wenn sie von den Flammen der göttlichen Liebe umzingelt wird, wird sie alles von sich abwerfen, was nicht notwendig ist, und sie wird sich ganz auf die Gottesliebe konzentrieren.

»BLEIBT IN MIR«

Eine schwierige Religion

Bisweilen hört man sagen, es sei wirklich schwer, nach der katholischen Religion zu leben, weil ihre Vorschriften so streng seien. Zweifellos begrenzt jede Verordnung irgendwie die Freiheit des Menschen, und dies um so mehr, wenn sie etwas anordnet, wozu die Natur gar nicht neigt, wogegen sie sich sträubt oder demgegenüber sie eine genau entgegengesetzte Neigung verspürt. Trotzdem gibt es Gesetze, Verordnungen und Gebote. Das kann auch nicht anders sein, denn wenn wir irgendein beliebiges Ziel erreichen wollen, müssen wir eben auf alles verzichten, was sich diesem Ziel in den Weg stellt. Wir müssen uns andererseits aller Mittel bedienen, die zu diesem Ziel hinführen, denn andernfalls kommen wir niemals hin. Wenn jemand zum Beispiel von Posen nach Krakau reisen will, kann er nicht nach Norden fahren, sondern muß sich unbedingt in südlicher Richtung auf den Weg machen. Er kann auch nicht nach Osten oder Westen fahren, nur weil ihn vielleicht die Schönheit der Natur oder ein angenehmerer Weg dazu verlockt. Ähnlich verhält es sich mit dem letzten Ziel des Menschen, dem alles im Leben dienen sollte. Der Mensch muß auf alles verzichten, was diesem letzten Ziel hinderlich ist, und sich aller Mittel bedienen, die ihn zu diesem Ziel führen. Alle die verschiedenen Ziele innerhalb des Lebens haben in dem Maße einen Wert, in dem sie zu dem letzten Ziel hinführen. Würden sie von diesem wegführen, wären sie schädlich, und wir müßten auf sie verzichten, selbst wenn sie noch so anziehend wären. Das Streben nach dem Ziel, besonders nach dem wichtigsten, letzten, muß also notgedrungen schwer und mit Hindernissen belastet sein. Jesus sagt: »Mein Joch ist süß, und meine Bürde ist leicht.« Damit wollte er die ängstlichen Seelen ermuntern, sein Joch und seine Bürde, die Religion also, auf sich zu nehmen.

Quellen der Gnade

Wir wissen alle recht gut, welche Quellen der Gnade es gibt: die Meditation, die Zusammenkünfte, die Gebete, die heilige Messe und vor allem die heilige Kommunion und die ständige Zuflucht zur Muttergottes.

□

Wir sind erneuert in der heiligen Taufe, denn sie tilgt die Sünden. Wir erneuern uns immer wieder im Sakrament der Buße; wir sollen sogar irgendwie »göttlich« werden, und zu diesem Zwekke besitzen wir das heiligste Altarsakrament. In ihm erhalten wir nicht nur die Gnade, sondern sogar den Spender der Gnade selbst, der die »Vergöttlichung« der Seele in dem Maße vollbringt, in dem er diese vorbereitet findet.

□

Eine Gruppe von Brüdern sah einmal zu, wie ein neuer Motor von 300 PS in Betrieb genommen wurde. Nach einiger Zeit stand der Motor plötzlich still. Einer sagte: »Bestimmt ist etwas kaputtgegangen«, ein anderer: »Jetzt fehlt ihm die Nahrung.« Letzterer hatte eigentlich die Sache recht gut getroffen. Die Mechaniker hatten tatsächlich die Treibstoffzufuhr unterbunden und den Motor dadurch zum Stehen gebracht. Der Motor nimmt also seine Kraft vom Treibstoff und nicht von den Eisenteilen, wie gut die auch sein mögen und wie zweckmäßig für den Lauf. So ähnlich ist es auch mit uns. Wenn wir die Kanäle verschließen, durch welche die Gnade uns zufließt, werden wir immer schwächer und müssen am Ende gar absterben.

»Getrennt von mir könnt ihr nichts tun«

Katholische Aktion ist — wenn man es so ausdrücken darf — Zusammenwirken mit Gott an der Vervollkommnung, an der Heiligung der Menschen. Aber von dieser Arbeit sagte der Erlöser selbst zu den Aposteln: »Bleibt in mir, dann bleibe ich in euch. Wie der Rebzweig aus sich keine Frucht bringen kann, sondern nur, wenn er am Weinstock bleibt, so könnt auch ihr keine Frucht bringen, wenn ihr nicht in mir bleibt. Ich bin der Weinstock, ihr seid die Rebzweige. Wer in mir bleibt und in wem ich bleibe, der bringt reiche Frucht; denn getrennt von mir könnt ihr nichts tun« (Joh 15, 4 f.). Der Heiland sagt hier nicht, daß sie ohne ihn nicht viel tun könnten; er sagt: nichts, absolut nichts! Der Erfolg der Arbeit hängt also nicht ab von der Fähigkeit, vom Eifer, vom Geld, obwohl auch das alles Gaben Gottes sind und durchaus brauchbar für die Arbeit im Reich Gottes. Wie stark die Verbindung mit Gott ist, das ist einzig und allein entscheidend für den Erfolg. Wenn diese Verbindung fehlt oder zu schwach ist, sind alle anderen Mittel nutzlos. Ist sie aber lebendig, wird man das andere auch leicht finden.

Durch Gehorsam sind wir klug und mächtig

Im Gehorsam gegen Gott erheben wir uns über unsere Endlichkeit, weil wir im Sinne der unendlichen Weisheit, der Weisheit Gottes, handeln. Gott der Herr bietet uns seine unendliche Weisheit und Klugheit dar, damit sie unsere Taten lenken sollten. Durch den Gehorsam sind wir unendlich mächtig, denn wer vermag sich dem Willen Gottes entgegenzustellen? Nur dieser Weg — und allein dieser — ist wirklich der Weg der Weisheit, der Klugheit, unbegrenzter Macht. Nur diese Methode des Wirkens gibt Gott die höchste Ehre. Gäbe es einen anderen Weg, einen besseren, hätte ihn Jesus in seinem Wort oder Beispiel gelehrt. Aber in der Heiligen Schrift lesen wir ausdrücklich aus den dreißig Jahren seines verborgenen Lebens: »Und er war ihnen gehorsam«, wie wir auch aus der Zeit seines öffentlichen Wirkens mehrfach erfahren, daß er gekommen sei, den Willen seines himmlischen Vaters zu erfüllen.

Der irrige Befehl

Wie offenbart Gott seinen Willen? Durch seine Vertreter hier auf Erden. Nur Gehorsam kann uns also ganz deutlich den Willen Gottes offenbaren. Die Vorgesetzten können sich irren, aber wir können niemals durch unseren Gehorsam irren. Nur eine einzige Ausnahme gibt es: wenn uns der Vorgesetzte etwas befehlen würde, was klar und ohne jedweden Zweifel Sünde wäre, und sei sie auch noch so geringfügig. Da kann uns niemand etwas befehlen, nicht einmal unser begrenzter eigener Verstand, der ja auch irren kann. Unser Herr ist nur Gott — der unendliche Gott, der unfehlbare, der heiligste, der barmherzigste Gott und unser Herr, unser Vater, unser Schöpfer, unser Ziel, Geist, Kraft, Liebe und alles.

Kirche in der Verfolgung

Die Werke Gottes sind in der Regel von außen gesehen nicht gerade großartig. Nehmen wir das Beispiel der Kirche: Zuerst das Leben Jesu und seiner heiligsten Mutter; es war still, ohne besonderes Aufsehen. Die Apostel wurden zerstreut; drei Jahrhunderte lang grausame Verfolgungen; es schien wirklich, als ob alles untergehen und verschwinden würde. So ist es mit allen Werken Gottes. Doch in den Schwierigkeiten und Verfolgungen offenbarte sich um so herrlicher die Macht Gottes, die niemand brechen kann.

Wenn es keine Verfolgung gäbe, wäre nur Stillstand. Gott läßt es zu, daß es den Feind gibt, damit wir nicht in Bequemlichkeit verfallen und auf den Heldenmut vergessen. Heute müssen die Werke Gottes große Kämpfe durchstehen. Wenn wir diesen Kämpfen aus dem Weg gehen, wird man uns in Ruhe lassen. Je mehr wir uns aber anstrengen, desto mehr werden sie uns verfolgen.

Gott kann es zulassen, daß wir auseinandergetrieben werden. Wenn jeder von uns gut vorbereitet ist, kann eine solche Austreibung eigentlich nur Nutzen bringen. Erst nach der Verfolgung in Jerusalem, nachdem die ersten Christen dieser Stadt auseinandergegangen waren und sich über Palästina verstreut hatten, hat sich die Lehre Jesu im ganzen Land verbreitet. So kann es auch mit uns gehen. Schlecht wäre es, wenn die Seele sich selbst irgendwie in Gefahr begeben würde; denn dann wäre Gott nicht verpflichtet, ihr zu helfen. Aber wenn er selbst eine solche Situation schickt, dann gibt er auch seine besondere Gnade dazu. Wir müssen jedoch unsererseits alles tun, was in unseren Kräften steht, um diese Gnade zu nutzen.

Nicht untätig sein!

Wir dürfen nicht untätig herumstehen, wenn die Kirche Gottes den massiven Angriffen ihrer Gegner ausgesetzt ist. Es geht nicht an, daß wir nur jammern und Tränen vergießen. Denken wir daran: Beim letzten Gericht werden wir nicht nur Rechenschaft über das abzulegen haben, was wir getan haben; Gott wird auch jedes Werk aufzählen, das wir tun konnten und doch nicht vollbracht haben. Jeder von uns hat die Pflicht, in der vordersten Front zu stehen und mit seiner eigenen Brust die Angriffe der Gegner abzuwehren. Manchmal hört man die Frage: Was kann ich schon tun, wo doch die Feinde der Kirche über mächtige Organisationen und jede Menge Geld verfügen? Wer so spricht, hat wohl vergessen, was der heilige Paulus sagte: »Ich kann alles in dem, der mich stärkt.«

Wo Gott unbequem wird

Wenn einer im moralischen Schmutz versunken ist, schreckt ihn schon der Gedanke an Religion. Er wird keine Gelegenheit versäumen, zu beteuern, daß er an Gott nicht glaubt. Und er wird dabei so tun, als sei ja einwandfrei bewiesen, daß es keinen Gott gibt. Für ihn ist Gott einfach unbequem. Er hat keinen Sinn für ein höheres Glück, das allein die Seele des Menschen ausfüllen und zufriedenstellen kann. Alles wurde von solchen Leuten verschmutzt: Literatur, Kunst, Theater, Kino, Mode usw.; aus allen nur denkbaren Quellen ergoß sich die Unsittlichkeit über unsere Städte und Dörfer. Eine Folge davon: die Schwächung des Glaubens.

Berufung

Es gibt Eltern, wenn die einen Artikel über Ordensberufe lesen, denken sie sofort: »Schön ist das, erhaben, groß und heilig. Wir hoffen nur, daß es sich keines unserer Kinder zu Herzen nimmt und Klostergedanken bekommt. Davor bewahre uns Gott!« Daß ein Kind auf die Welt verzichten soll — und das vollkommen, aus Liebe zu Gott; daß es vielleicht in einer klösterlichen Einrichtung als letztes Glied unter vielen leben und womöglich Spott ertragen, sich überarbeiten und leiden soll; daß es möglicherweise in ein Missionsland gehen müßte, wo es mit den Schwierigkeiten nicht zurechtkommt oder gar für den Glauben an Christus sein Blut vergießen müßte — das will in die Köpfe so mancher Eltern einfach nicht hinein. Sogar fromme und durchaus ehrenwerte Leute meinen, das sei doch ein zu großes Opfer, und sie versuchen alles, so ein Kind, das eine Neigung zum Ordensleben verspürt, von jedem Schritt dorthin abzuhalten. Sie bitten, drohen und verwünschen, ja manchmal züchtigen sie es sogar — und denken in ihrer Verblendung nicht daran, wie schwer sie sich versündigen. Sie vergessen, daß Gott ihr Herr und auch der Herr ihres Kindes ist, daß er sie und auch das Kind aus dem Nichts erschaffen hat und ihnen in jedem Augenblick ihr Sein neu schenkt, daß er auch, wenn es ihm gefällt, diesem Kind die große, besondere Gnade des Ordensberufes schenken kann. Wenn sie diese hohe Auszeichnung einer Familie nicht zu schätzen wissen, beleidigen sie Gottes Majestät, denn damit sagen sie doch nur: »Nicht du, o Gott, sondern wir allein verstehen es, unserem Kind das Glück zu schenken.«

MARIA — VOLL DER GNADEN

Ein Wunderwerk des Schöpfers

Die Unbefleckte ist nur ein Werk Gottes und so wie jedes Werk ganz und gar abhängig von ihrem Schöpfer. Aber sie ist zugleich das vollkommenste und erhabenste Werk Gottes. Der heilige Bonaventura sagt: »Gott kann noch eine größere und vollkommenere Welt erschaffen, aber er kann keinem Geschöpf eine höhere Würde verleihen als Maria.« Die Unbefleckte ist die äußerste Grenze zwischen Gott und dem Geschöpf. Sie ist der treue Spiegel göttlicher Vollkommenheit und Heiligkeit.

Gipfel der Vollkommenheit

In der Unbefleckten erreicht die Schöpfung den Gipfel ihrer Vollkommenheit. Die Mutter Gottes ist das gottähnlichste aller Geschöpfe. Das Ziel des Menschen ist es, seinem Schöpfer immer ähnlicher zu werden. Wie gut, tugendhaft, wie heilig Menschen sein mögen — keiner ist ohne Unvollkommenheiten. Einzig und allein die Unbefleckte kennt vom ersten Augenblick ihres Daseins an keine, auch nicht die leichteste Sünde. Nur wenn wir sie nachahmen, ihr immer näherkommen, ihr Eigentum werden, können wir den Gipfel menschlicher Vollkommenheit erreichen. Wer immer die Unbefleckte liebt, sehnt sich danach, ihr eigen zu sein. Ihr Diener zu sein, ihr Kind, ihr Sklave — das war für viele Richtpunkt ihres Lebens, und sie drückten es in Worten aus, die wir nicht mehr mit unserem Verstand allein begreifen können, zu denen vielmehr nur die Liebe fähig ist. Mit anderen Worten: Ihr ganz zu gehören — das war für viele die Sonne ihres Herzens und Lebens.

Immer Gott gehorsam

Der Unbefleckten haftete niemals auch nur der geringste Makel an. Ihrer Liebe konnte sich nichts in den Weg stellen. Sie liebte Gott mit ihrem ganzen Wesen und vom ersten Augenblick ihres Daseins an brachte sie diese Liebe so sehr in Einklang mit dem Willen Gottes, daß ihr der Engel am Tage der Verkündigung sagen konnte: »Du bist voll der Gnaden. Der Herr ist mit dir.« Sie ist also zugleich Geschöpf Gottes, Ebenbild Gottes, Kind Gottes und das vollkommenste aller menschlichen Wesen. Und sie ist ein Werkzeug Gottes, denn sie überließ sich ganz bewußt und vorbehaltlos seiner Führung. Sie vereinigte ihren Willen mit dem seinen, sie verlangte nur, was er will; sie handelte voll und ganz nach seinem Willen, ohne auch nur im geringsten durch eine Regung ihres eigenen Willens von dem Gottes abzuschweifen. Alle Fähigkeiten und Vorrechte, die ihr geschenkt waren, nutzte sie in vollkommener Weise, um stets und allein den Willen Gottes zu erfüllen.

Mutter Gottes

Menschliche Worte vermögen nicht zu sagen, wer jene ist, die da wahrhaft Mutter Gottes wurde. Gewiß, sie ist nur ein Geschöpf; aber aus der Sicht Gottes ist sie ein so erhabenes Wesen, daß man sich vergegenwärtigen muß, wer Gott ist, um zu begreifen, wer die Mutter Gottes ist. Daß sie wahrhaft Mutter Gottes ist, lehrt uns der Glaube. Man kann aber nicht Mutter nur eines Teiles eines Kindes sein. Maria ist die Mutter des ganzen Jesus, des Gott-Menschen. Also ist sie Mutter Gottes. Obgleich die Würde ihrer Gottes-Mutterschaft die Ursache aller ihrer Vorrechte ist, erhielt sie von Gott doch als erste Gnade ihre unbefleckte Empfängnis, das heißt das Freisein von jeglichem Makel, sogar von dem Makel der Erbsünde, vom ersten Augenblick ihres Lebens an.

Das Geheimnis der Menschwerdung Gottes

Keinen Augenblick hat sich der Wille der Unbefleckten vom Willen Gottes entfernt. Sie wußte sich stets aus freien Stücken Gott zugehörig, und in ihr vollzieht sich das Wunder der Vereinigung Gottes mit der Schöpfung. Der Vater gibt ihr — wie seiner Braut — den Sohn. Der Sohn steigt hinab in ihren jungfräulichen Schoß und wird ihr Kind. Der Heilige Geist formt in ihr auf wunderbare Weise den Leib Jesu, er wohnt in ihrer Seele, durchdringt sie auf so unaussprechliche Weise, daß der Name »Braut des Heiligen Geistes« nur eine sehr vage Bezeichnung für das Wirken des Heiligen Geistes in ihr und durch sie ist. In der einen göttlichen Person Jesu sind zwei Naturen, die göttliche und die menschliche. Im Heiligen Geist und in der Unbefleckten sind zwei Naturen in zwei Personen. Die Vereinigung der Gottheit mit der Menschheit übersteigt jegliches Begriffsvermögen. Die Frucht der Liebe Gottes und der Unbefleckten ist Jesus, der Sohn Gottes und Menschensohn, Gott-Mensch und Mittler zwischen Gott und den Menschen.

Marienverehrung

Manchmal las oder hörte ich, man wundere sich darüber, daß wir Katholiken Maria, die

Mutter Jesu, verehrten. In einem Brief, den ich erhielt, stand sogar, wir verehrten Maria wie Gott. Der Briefschreiber wußte sicher nicht, daß die katholische Kirche keine Heiligen so wie Gott verehrt, sondern als treue Diener und Freunde Gottes. Wenn sie Maria darüber hinaus noch als Mutter Gottes verehrt, dann doch nicht deshalb, weil Maria etwa Jesus die Gottheit gegeben hätte. Sie hat ihm nur den menschlichen Leib gegeben, aber Gott, der in ihrem Schoß Mensch wurde, hat wirklich in ihr gewohnt, und so hat sie wahrhaft den Gott-Menschen geboren.

Wie Maria geliebt hat

Das muß unser ganzes Bestreben sein: Gott dem Herrn die höchste Ehre zu erweisen. Wir müssen darum bemüht sein, Jesus so zu lieben, wie ihn seine heilige Mutter geliebt hat.

Durch Maria zu Gott

Grenzenlose Liebe zur Unbefleckten — was bedeutet das? Die Unbefleckte ist in Liebe mit Gott verbunden, so daß sie über alle Heiligen, über die Engel, die Erzengel, die Cherubim und die Seraphim erhoben ist. Also führt uns die grenzenlose Liebe zu ihr auch über alle anderen hinaus. Was bedeutet die unbegrenzte Liebe zur Unbefleckten? Sie steht Gott am nächsten. Und wir? Wenn wir uns ihr nähern, nähern wir uns damit Gott selbst.

Von Maria führen lassen

Lassen wir uns doch von Maria führen, damit wir durch sie Jesus ähnlicher werden. Das ist der sicherste und vollkommenste Weg. Weihe dich ganz unserer himmlischen Mutter und siegreich wirst du alle Schwierigkeiten im Leben überwinden und du selbst wirst heilig, ein großer Heiliger werden, was ich dir aus vollem Herzen wünsche. Alle Heiligen — das kann man wirklich sagen — sind ein Werk der heiligen Jungfrau Maria, und die besondere Andacht zu ihr ist das gemeinsame Merkmal der Heiligen.

Den Willen der Unbefleckten erfüllen

Du kannst ruhig so sprechen: »Ich will den Willen der Unbefleckten erfüllen. Der Wille der Unbefleckten soll geschehen. Die Unbefleckte hat es so gewollt, denn sie will ja nur das, was Jesus will, und Jesus, was der Vater will. Also unterscheidet sich ihr Wille nicht von dem des Sohnes und des Vaters«. Wenn wir uns uneingeschränkt auf ihren Willen berufen, bekennen wir uns also zugleich zum Willen Gottes. So erweisen wir auch Gott dem Vater und dem Sohne die Ehre dafür, daß er ein so vollkommenes Geschöpf erschuf und zu seiner Mutter erwählte.

Vorbild ist die Unbefleckte

Wir müssen viel beten, um immer besser den Sinn dessen zu verstehen, was die Unbefleckte in der Stunde der Verkündigung sagte: »Ich bin die Magd des Herrn. Mir geschehe nach deinem Wort.« Wie Gott es will, so soll es geschehen. In diesen Worten ist die ganze Glückseligkeit, aber auch unsere Aufgabe hier auf Erden eingeschlossen. Gott hat uns erschaffen, daß wir seine Werkzeuge seien. Deshalb zieht er uns durch die Liebe an sich und unterstützt unser Bemühen mit Belohnung und Strafe. Die Seele soll vollkommener, soll Gott ähnlicher werden, deshalb beschenkt er sie mit Gnaden. Aber die Seele muß mit diesen Gnaden mitwirken. Sie muß sich führen lassen. Bitten wir die heilige Mutter, daß sie uns lehrt, wie die Seele einer Magd des Herrn beschaffen sein soll. Gott erschien der Muttergottes nicht selbst, sondern nur durch einen Boten. Auch wir haben solche Boten; es sind unsere Vorgesetzten. Beten wir, daß wir jedem dieser Boten sagen können: Es geschehe nach dem Willen Gottes. Das ist alles, und so haben wir es auch der Welt zu lehren: Daß der Wille aller eins sei mit dem Willen Gottes — durch die Unbefleckte.

Die Mittlerin

(Aus einem Brief)

Du schreibst: »Es verträgt sich nicht in meiner Seele, gleichzeitig Jesus und Maria zu lieben.« Aber deinen Vater und deine Mutter und dazu noch deine Brüder und Schwestern kannst du gleichzeitig lieben? Freilich ist unser Ziel Gott, die Heiligste Dreifaltigkeit. Das hindert uns aber doch nicht, Gott Vater als Gott Vater zu lieben, Gott Sohn als Gott Sohn und den Heiligen Geist eben als den Heiligen Geist; dazu Jesus als unseren Herrn, die Muttergottes als Muttergottes, Vater, Mutter, Verwandte, Engel, Heilige und alle Menschen. Selbstverständlich lieben wir sie alle nicht nacheinander, sondern miteinander. Nur können wir nicht gleichzeitig an alle denken.

Aber das hindert keineswegs die wirkliche und gleichzeitige Liebe zu allen.

Du schreibst: »Ich gehe vor den Tabernakel, spreche mit Jesus usw.« und fragst: »Wo ist diese Maria, ohne die man sich Jesus so schwer nähern kann?« Ich muß da gleich sagen, daß man sich Jesus ohne Maria nicht nur schwer, sondern unmöglich nähern kann. Weshalb? Lassen wir einmal die Tatsache beiseite, daß sie uns Jesus geboren und ihn erzogen hat. Dann bleibt die Annäherung an Jesus aber doch eine Gnade, und alle Gnaden kommen durch sie zu uns, so wie der Herr Jesus selbst durch sie gekommen ist.

Du wirst hier vielleicht einwenden: »Darf ich nicht geradewegs mit Jesus sprechen, ohne an Maria zu denken?« Mein Lieber, hier geht es nicht darum, ob du fühlst und denkst, sondern allein um die Tatsache, daß dem so ist, auch wenn dir dies gar nicht zu Bewußtsein kommt. Wenn du den Herrn Jesus wirklich lieb hast, dann verlangst du, vor allem seinen Willen zu erfüllen, also auch Gnaden auf die Weise zu erhalten, wie er es bestimmt hat. Mit dieser Einstellung kannst und sollst du dich völlig ungezwungen an das Heiligste Herz Jesu wenden, wobei du gewiß sein darfst, alles zu erhalten.

Wenn nun aber einer sagen würde: »Ich brauche keine Mittlerschaft, ich brauche keine Muttergottes, ich kann das Heiligste Herz Jesu selbst verehren, loben und mir Gnaden erbitten«, würde da Jesus einen solchen nicht mit Recht wegen seines unerträglichen Stolzes abweisen?

Du schreibst: »Sie soll doch von mir etwas erhalten, ich soll mich ihr schenken, über sie nachdenken — aber Jesus ist doch die Quelle der Gnade und Liebe. Er bittet mich zu sich. Er schenkt sich mir in der heiligen Kommunion. Die heilige Maria hilft mir ja nur.«

Gewiß ist es so, daß Gott der Vater die Quelle alles Guten, jeder Ordnung — der natürlichen wie der übernatürlichen — ist, der durch den Sohn und den Heiligen Geist immer wirkt. Man kann auch sagen, daß die Heiligste Dreifaltigkeit diese Quelle ist. Es ist wahr, daß der einzige Mittler zum Vater der eingeborene Sohn Jesus Christus ist, Gott und Mensch zugleich, durch den aus unseren menschlichen Huldigungen, die wir dem Vater darbringen, göttliche werden und aus unseren endlichen solche von unendlichem Wert und so der Majestät des Vaters auch würdig. Es ist richtig, daß wir im Sohn, in Jesus Christus, den Vater lieben. Ihm müssen wir unsere ganze Liebe übergeben, damit der Vater in ihm und durch ihn unsere Liebe annimmt. Aber auch dies ist nicht weniger wahr, daß unsere Handlungen — auch die erhabensten — nicht ohne Makel sind. Wenn wir sie Jesus ganz rein und unbefleckt opfern wollen, müssen wir sie direkt der Unbefleckten als ihr Eigentum übergeben, damit sie diese als ihr Eigentum dem Sohn schenkt. Dann werden unsere Gaben makellos, ohne Fehler sein. Sie erhalten dann durch die Gottheit Jesu einen unendlichen Wert und werden so Gott in angemessener Weise zur Ehre gereichen.

So kehrt auch die Antwort auf die Gnaden, die durch den Sohn und den Heiligen Geist auf das Geschöpf herabgeflossen sind, auf dem gleichen Weg zu Gott zurück.

Und wie kann das geschehen? Mein Lieber, du brauchst ja von diesen schönen Wahrheiten überhaupt nichts zu wissen, brauchst sie gar nicht zu verstehen, brauchst an sie nicht zu denken und mit deinem endlichen Verstand und deiner endlichen Vorstellungskraft gar keine Mühe darauf zu verwenden, dir das alles menschlich vorzustellen. Wenn du nur immer den Willen Gottes erfüllen willst — oder eben den Willen Jesu und den der Unbefleckten —, dann kannst du ganz beliebig jede Andacht wählen, zu der du dich hingezogen fühlst. Alle Andachten haben nur das eine Ziel, uns bei der Erfüllung des göttlichen Willens zu helfen.

Du schreibst weiter: »Wenn man sich dem Vater nicht ohne die Vermittlung Jesu nähern kann,

kann man sich Jesus nicht ohne Maria nahen. Also kann man mit Jesus nicht immer von Herz zu Herz sprechen.« Man kann es. Nur vergiß nicht Maria!

»Aber ich kann mich doch nicht zweiteilen!« Aus dem Vorhergegangenen erhältst du die Antwort: Du kannst ruhig vergessen und brauchst dich nicht für mehrere zerteilen, denn Gott allein kann zugleich an alles denken. Es ist auch nicht falsch, wenn du dich unmittelbar an den Vater wendest, sofern du Jesus angehörst, und an Jesus, sofern du der Unbefleckten angehörst. Aber es ist gar nicht nötig, daß du daran denkst; es genügt, daß sich die Dinge einfach so verhalten.

Du schreibst: »Ich möchte nur einen lieben und in ihm versinken.« Das ist klar, daß unser Vater im Himmel der ist, in dem wir versinken sollen. Aber wir können das nicht ohne den Sohn und ohne die Mutter, weil wir Sünder sind.

»Das sind schwierige Gedanken«, schreibst du. Mein Lieber, das sind erhabene Dinge, und wir werden sie mit unserem menschlichen Verstand und mit unserer Vorstellungskraft nicht verstehen. Aber deshalb brauchen wir nicht die Ruhe zu verlieren. Denn Gott ist ein Gott des Friedens, und die Verwirrung kommt nicht von Gott.

Deine Schwierigkeiten kommen daher, daß du das Gefühl, das Gedächtnis und den Verstand mit dem Willen verwechselst. Wenn unser Wille es will, daß alles nach dem Willen Gottes geschieht, dann ist es so, selbst wenn wir es nicht verstehen können, nicht daran denken würden und es auch nicht fühlen können. Denn im Augenblick können wir immer nur an eine Sache denken. Gib dich also ganz ungezwungen der Andacht hin, zu der es dich im jeweiligen Augenblick hinzieht. Aber denke daran, daß das Wesen der Liebe zu Gott allein und ausschließlich in der ständigen Erfüllung seines Willens besteht. Je schwieriger es ist, ihn zu erfüllen, desto mehr Widerwille und Abneigung; je mehr Widerwille und Abneigung, desto größer ist der Beweis der Liebe. Doch gehören diese Schwierigkeiten keineswegs zum Wesen der Liebe; diese kann ohne sie gleich stark sein. Die Schwierigkeiten dienen nur dazu, die Liebe zu beweisen.

Eine andere Sache ist es, wenn einer sich ganz und bedingungslos der Unbefleckten geschenkt hat und weiß, daß er ihr gehört, auch wenn er nicht daran denkt. Wenn er nun zu Jesus im heiligsten Sakrament geht und seine Besuchung ausdrücklich der Unbefleckten anheimgibt — etwa durch ein Ave Maria —, dann weiß er, daß er damit Jesus die größte Freude bereitet, daß sie in ihm und durch ihn diese Besuchung macht und er in ihr und durch sie.

Ebenso gibt es keine bessere Vorbereitung auf die heilige Kommunion, als wenn man die ganze Sache der Unbefleckten übergibt, sofern man nur auch selbst alles tut, was man kann. Sie weiß am besten, wie unser Herz zu bereiten ist. Wir können sicher sein, daß wir so Jesus die größtmögliche Freude bereiten, daß wir ihm dann die größte Liebe erweisen. Und so ist es mit vielen anderen Tätigkeiten.

Noch etwas: Jesus hat gesagt, daß wir den Baum an seinen Früchten erkennen. Wenn dir also etwas Unruhe bereitet und wenn das auch noch der Grund für ein Sichgehenlassen war, dann kommt das sicher nicht von Gott. Eine solche Unruhe ist also verdächtig, und man muß sich ehrlich darum bemühen, den Willen Gottes auch in den kleinsten Dingen zu erfüllen. Wenn dich also etwas unter irgendeinem Vorwand — selbst unter dem einer besseren Andacht — von der Muttergottes wegführen wollte, dann betrachte dies als ein verdächtiges Unternehmen. In ihr und durch sie kommen wir sicher zum Herzen Jesu, und ohne sie ist in dem oben erwähnten Sinne alles nur Täuschung des Satans, der auf die Vernichtung der Seele ausgeht.

Daß auch andere sie lieben

Wer die Unbefleckte uneigennützig liebt, also nicht um seiner selbst willen, sondern ihretwegen, der wird sich nicht mit der eigenen Liebe zu ihr begnügen, sondern sich Mühe geben, daß auch andere sie lieben und ihr in jeder Hinsicht so gehören, wie er selbst ihr gehört.

Liebet sie und betet!

Ich wünsche euch, daß ihr täglich, jeden Augenblick der Unbefleckten näherkommt, daß ihr sie mehr kennenlernt und sie immer mehr liebet; daß ihr euch immer mehr von ihren Gedanken, Absichten und Gefühlen durchdringen laßt; daß ihr euch von ihrer Liebe zu Jesus in der Krippe und im Haus Nazaret und unter dem Kreuz und in der heiligen Eucharistie durchdringen laßt. Mit einem Wort: daß die Flecken der Sünden und der Unvollkommenheit immer kleiner und seltener werden. Liebt sie, soviel ihr nur imstande seid! Schaut auf zu ihr und betet, besonders den kurzen Stoßseufzer »Maria!«, oder in anderer Weise, indem ihr dabei eure Sorgen, Leiden, den Kummer, die Demütigungen und Schwierigkeiten ihr anvertraut.

HEILIG WERDEN

Über die Heiligkeit

Der Mensch will von Natur aus vollkommener werden, und das nicht nur physisch und psychisch, sondern auch moralisch gesehen. Deshalb treffen wir in der Geschichte immer wieder auf Menschen, die man höher einschätzte als die Masse der gewöhnlichen Menschen, die man sogar noch über die Gelehrten stellte: heilige Menschen. Nach dem Sündenfall der Stammeltern wurde unser Verstand verdunkelt und konnte deshalb den hellen Weg zur geistlichen Vollkommenheit nicht finden. Auch der geschwächte Wille hatte nicht genügend Kraft, den Weg eines heroischen Lebens zu gehen. Deshalb sind die Begriffe der Heiligkeit oft undeutlich oder sogar falsch. Schon die alten chinesischen Philosophen achteten Menschen, die nach dem Vorbild der Geister lebten, höher als die Gelehrten. Ihre Heiligkeit hatte einen rein natürlichen Charakter: Man sollte die Gebote der Vollkommenheit und Wahrheit genauestens beachten. Besser war der Heiligkeitsbegriff der Griechen. Obgleich sie die Tugend als etwas Natürliches betrachteten, bedeutete für sie doch Heiligkeit eine Annäherung an die Gottheit. Im Alten Testament ist der Begriff der Heiligkeit schon ganz eng mit dem Gottesbegriff verbunden. So lesen wir beispielsweise im Buch Levitikus (20, 26): »Seid mir geheiligt; denn ich, der Herr, bin heilig, und ich habe euch von all diesen Völkern ausgesondert, damit ihr mir gehört.« Und im Buch der Könige (2 Kön 4, 9): »Ich weiß, daß dieser Mann ein heiliger Gottesmann ist.« Aber auch hier ist die Heiligkeit noch nicht vollkommen.

□

Erst Christus der Herr zeigte der Menschheit, als er auf die Erde kam, mit seinem eigenen Beispiel und mit seinem Wort den Weg zur wahren Heiligkeit. Ihr Wesen ist die Gottesliebe bis zum Heroismus, ihr Zeichen die Erfüllung des Willens Gottes, wie er besonders in den Geboten Gottes und der Kirche und in den jeweiligen Standespflichten seinen Ausdruck findet. Mittel zur Heiligkeit sind: die ständige Selbstkontrolle, um Fehler zu erkennen und auszumerzen sowie Tugenden einzuüben, zu pflegen und zu höchstmöglicher Entfaltung zu bringen; außerdem das Gebet, durch das die Seele jene übernatürlichen göttlichen Gnaden erlangt, die zum geistlichen Fortschritt unerläßlich sind. Bei allen Heiligen nimmt das Gebet einen hervorragenden Platz ein. Die wichtigsten Stufen: das Lippengebet, die Betrachtung und die Kontemplation. In der letzteren zieht Gott die Seele auf geheimnisvolle Weise immer näher zu sich heran und erleuchtet die Seele mit übernatürlichem Licht, so daß sie, von der Liebe entzündet, in eine Entrückung gerät, die mit einem natürlichen Enthusiasmus nichts mehr gemein hat. Dies ist aber nicht unbedingt nötig zur Heiligkeit. Papst Benedikt XIV. schreibt, um einen Diener Gottes heiligzusprechen, genüge es, Beweise dafür zu haben, daß er über außergewöhnliche und heroische Tugenden verfügt habe, soweit diese ihm seine Lebensbedingungen und sein Stand ermöglichten.

Jedem die Gnade, die er braucht

Jeder Mensch wird mit den Fähigkeiten geboren, die er braucht, um seine Aufgaben zu erfüllen, und sein ganzes Leben lang werden seine Umgebung und Umstände so gefügt, daß er sein Ziel so leicht wie nur möglich erreichen kann, jenes Ziel, das die Vollendung des Menschseins darstellt. Je besser er diese Aufgabe erfüllt, desto besser wird er seiner Sendung gerecht, desto größer und heiliger wird er einst in den Augen Gottes sein. Außer den natürlichen Gaben erhält der Mensch von der Wiege bis zum Grabe die Gnade Gottes in solchem Maß und in solcher Qualität, daß seine schwachen Kräfte hinreichend gestärkt werden, um mit Hilfe der übernatürlichen Kraft seiner Aufgabe gerecht werden zu können.

Das Genie und der Heilige

Wenn sich Verhöhnung, Wut, haßvoller Neid über uns ergießen, wenn Spott uns trifft und die Freunde uns verlassen, sich vielleicht sogar unseren Feinden anschließen, dann wird das Genie unter dieser Belastung stöhnen, wird leiden und sich unglücklich fühlen. Der Heilige steht über all dem. Auch er spürt wohl so manches Mal den Schmerz, aber er findet Ruhe im Gebet, setzt sein Vertrauen auf Gott und geht gelassen seinen Weg weiter. Kommt eine schwere Krankheit auf uns zu und beugt uns das Alter nieder, dann hört auch das Genie auf, ein Genie zu sein, denn die geistigen Kräfte werden schwächer. Der Heilige dagegen schreitet immer vorwärts, ungeachtet seines Gesundheitszustandes oder seines Alters. Ja, Krankheiten und Schwierigkeiten werden für ihn Leitern, auf denen er zu immer höheren Vollkommenheiten emporsteigt.

□

Ein Genie kann der Menschheit Nutzen bringen, oft aber auch Schaden zufügen. Napoleon war gewiß ein Führungsgenie, aber wie viele Tränen verschuldete er, wieviel Blut hat er vergossen und wie geschwächt hinterließ er sein Land! Statt die Kultur zu verbreiten, streuten Druckkunst, Telegraf, Telefon u. ä. in unseren Zeiten den Samen der Lüge und der moralischen Fäulnis aus. Wie viele literarische Talente trugen dazu bei, die Ordnung zu zerstören und die Leser von ihrem Schöpfer abspenstig zu machen! Wie viele junge Seelen wurden durch ihre Bücher und Schriften vergiftet!

Der Heilige wandelt durch die Welt, nach dem Beispiel Jesu immer Gutes tuend. Wo er hinkommt, pflanzt er die Wahrheit und das Glück ein. Mit seinem Beispiel weist er auf die ewige Güte hin.

Ein Genie kann nicht jeder sein, aber der Weg zur Heiligkeit steht allen offen.

Eins sein mit dem Willen Gottes

Gott der Herr ist allwissend und allmächtig. Der Mensch strebt nach der Fülle des Wissens und der Kraft, weil er nach Gottes Bild und Gleichnis geschaffen wurde. Aber diese Ähnlichkeit reicht nicht aus, die unendliche Kluft zu überbrücken, die ihn von Gott trennt. Und doch kann er in gewisser Weise teilhaben am unendlichen Wissen und an der unendlichen Macht Gottes: wenn er Gott gegenüber Gehorsam übt. Dann nämlich wendet Gott dem Menschen seinen unbegrenzten Verstand, seine Weisheit, seine Macht, seine Güte, ja seine Unendlichkeit hilfreich zu. Und das ist ja im letzten das Wesen der Heiligkeit, daß wir unseren Willen vollkommen mit dem Willen Gottes vereinen. Die Seele, die sich das zum Ziel gesetzt hat, fühlt sich unaussprechlich glücklich. In ihr ist Ruhe und Frieden, sie ist auf einem unerschütterlichen Fundament gegründet: auf Gott.

□

Die Erfüllung des Willens Gottes ist Liebe, und Liebe ist das Wesen der Heiligkeit. Nicht Abtötung, nicht Gebet, nicht Arbeit, nicht Beschaulichkeit — nur Gehorsam ist Verdienst, ist das Wesen der Heiligkeit.

Mit der Gnade Gottes arbeiten

Wie verschieden die Wege der Heiligen waren und wie unterschiedlich ihre natürlichen Gaben — eines war ihnen gemeinsam: Sie ordneten sich stets der Gnade unter, die sie selbst aus vielleicht langer Gleichgültigkeit oder sogar aus der Gefangenschaft der Sünde herausgerissen hat. Unabhängig davon, ob sie die Gnade einen Weg gehen hieß, der im Einklang oder im Widerstreit mit ihrer Natur stand, lebten sie alle ein höheres, übernatürliches Leben. Ihr einziges Ziel war Gott und seine Liebe. Alles andere, ob natürlich oder übernatürlich, ob angenehm oder unangenehm, erachteten sie nur als Mittel zu diesem Ziel. Und so konnte ihnen nichts schaden, vielmehr zogen sie aus allem reichen geistlichen Nutzen; denn denen, die Gott lieben, gereicht alles zum Guten.

Liebe und Gegenliebe

Zur Liebe kann man niemanden zwingen. Nur Liebe selbst weckt Gegenliebe. Auf solche Weise wollte Gott den Menschen erobern. Daran denken, wie Gott uns liebte, ist der beste Weg, um Gott zu lieben.

Ohne Gott vermögen wir nichts

Manchmal hören wir die Klage: Ich will mich bessern, ich möchte ja besser werden, aber ich kann es nicht. Ein solches Bekenntnis der eigenen

Schwäche erweckt oft den Anschein von Demut, und doch versteckt sich dahinter ein gewisser Stolz. Wieso? Nun, diese Menschen geben zu erkennen, daß sie wohl dies oder jenes vermögen, nur diese eine oder die andere Schwäche zu überwinden seien sie unter diesen oder anderen Umständen nicht in der Lage. Mit anderen Worten: Sie vertrauen nur ihren eigenen Kräften und kommen nicht weiter als bis zu deren Grenzen. Ihre Klage ist also im Grunde eine Unwahrheit; denn allein aus eigener Kraft und ohne die Hilfe Gottes vermögen wir ja eben überhaupt nichts. Alles, was wir sind und was wir haben und können, haben wir von Gott und erhalten es in jedem Augenblick unseres Lebens neu von ihm. Daß wir überhaupt existieren, ist doch nichts anderes als ein ständiges Erhalten- und Unterhaltenwerden. Aus uns selbst können wir gar nichts, höchstens etwas Schlechtes — eben das, was den Mangel an Gutem, an Ordnung, an Kraft erkennen läßt. Wenn wir dies einsehen und so zu Gott aufblicken, von dem wir alles, was wir haben, erhalten, werden wir zugleich einsehen, daß Gott uns auch weiterhin noch mehr geben wird, weil er ja, der beste Vater, uns alles geben will, was wir brauchen.

Wie der Zweig am Stamme

Sonne, Wasser und Luft verhelfen dem Zweig zu Wachstum und Blüte, aber nur dann, wenn er am Stamme sitzt. Löst sich der Zweig vom Stamm, wird er unter gleichen Bedingungen, also bei gleicher Sonne, bei gleichem Wasser und bei gleicher Luft, schnell verfaulen und untergehen.

So ähnlich geht es mit der Seele, die dem Willen Gottes, dem Willen der Unbefleckten verbunden ist. Was immer mit uns geschieht, geschieht nach Gottes Willen und mit seiner Zulassung. Da aber Gott der Herr unendlich gut ist, kann er nichts zulassen, was uns am Ende zum Bösen gereichen würde. Wenn also die Seele den guten Willen hat, der im Einklang mit dem Willen Gottes steht, kann sie beruhigt sein: Alles wird ihr zum Guten gereichen.

Die beste Rolle

Wir dürfen uns nicht so sehr an die Arbeit, an Amt, Würde und Ort klammern. Wichtig ist, daß jeder sich bemüht, den Willen Gottes zu erfüllen. Das ist die höchste Würde, das ist die wichtigste Sache. Wenn die Künstler im Theater auftreten, kleidet sich der eine als König, der andere als

Soldat, wieder ein anderer als Diener. Man könnte sich fragen, wer von ihnen der würdigste sei. Ohne Zweifel der, der seine Rolle am besten spielt.

Heiligung zu jeder Stunde

In jedem Augenblick müssen wir uns heiligen, denn wir wissen nicht, was danach sein wird. Jetzt, zu dieser Stunde, müssen wir uns heiligen, weil wir nicht sicher sind, ob uns der Abend noch gehören wird. Je gewissenhafter wir unsere Pflichten erfüllen, desto mehr geben wir Gott die Ehre. Wenn sich die Seele in jedem Augenblick um ihre Heiligung bemüht, wird sie immer wieder neue Welten entdecken, neue Gedanken, aber auch die eigenen Unvollkommenheiten, und sie wird beginnen, rein zu werden.

Man muß wollen

Wenn man heilig sein will, muß man wollen. Der heilige Augustinus war sehr schlecht, ja sogar verkommen, aber er sagte sich: »Diese und jene konnten heilig sein, dann kannst auch du es, Augustinus!« Und weil er wollte, wurde er heilig. Wenn sich jemand sagt: »Ich muß heilig werden«, dann wird er es auch. So tat es der heilige Benedikt und viele andere. Einmal fragte den heiligen Benedikt seine Schwester, die heilige Scholastika: »Was muß man tun, um heilig zu sein?« Er antwortete nur mit diesem einen Wort: »Wollen«. Man braucht nichts anderes als nur zu wollen.

Pflichterfüllung

Deine Heiligkeit besteht nicht in irgendwelchen außergewöhnlichen Taten, sondern in der getreuen Erfüllung deiner Pflichten Gott, dir selbst und anderen gegenüber. Kein Stand, auch der erhabenste nicht, kann dir die Heiligung deiner Seele in Aussicht stellen, wenn du selbst deine Standespflichten vernachlässigst.

Gott das letzte »Aber« opfern

Wer sein Innenleben zu höchster Fülle anreichern will, muß Gott auch das letzte »Aber« zum Opfer bringen. Solche vollkommene, uneingeschränkte Aufopferung ist Voraussetzung für das wahre Wachstum des Gnadenlebens. Wenn auch nur das kleinste Hindernis bleibt, kann sich die Seele nicht erheben, denn ihr fehlen ja die freien Schwingen, wie sie die Taube hat. Aber auch die Taube kann sich nur bis in eine bestimmte Höhe erheben. Der Seele hingegen sind keine Grenzen gesetzt, wenn sie ihrem Verhältnis zu Gott nicht selbst ein Hindernis in den Weg legt. Gott hebt sie immer höher empor, und die Liebe nimmt immer wieder neue Gestalt an. Im Leben der Heiligen können wir solche Entwicklungen beobachten. Wir wundern uns oft darüber. Verstehen könnten wir sie erst, wenn wir in die Tiefen jener Seelen schauen dürften. Wir erhalten von Gott alles, in jedem Augenblick, im Rahmen der natürlichen und der übernatürlichen Ordnung. Es ist doch dann auch angebracht, daß wir all das Gott aufopfern, daß kein »Aber« in uns bleibt. Hindernis im Verhältnis zu Gott ist jede Einschränkung, jede Bindung an irgend etwas oder irgend jemanden.

Gnade und Barmherzigkeit

Wenn sich die Seele selbst zuschreibt, was eigentlich Geschenk Gottes ist — wird sie Gott dann noch weiterhin mit Gnaden überschütten? Er würde sie ja in ihrer Arroganz bestärken!

Nein, er wird ihr aus Barmherzigkeit den Reichtum seiner Gaben versagen. Er wird sogar zulassen, daß die Seele fällt, damit sie endlich einsieht, was sie aus sich selbst ist, damit sie nicht weiter auf sich vertraut, sondern sich einzig und allein Gott mit all ihrer Hoffnung hingibt. Auch für die Heiligen waren Sünden Sprossen zur Vollkommenheit. Aber wehe der Seele, die auch das letzte Heilmittel nicht annimmt und in ihrem Stolze spricht: »Ich kann mich nicht bessern!« Einst wird der gerechte Gott über jede Gnade, die er verlieh, Rechenschaft verlangen.

Nicht auf Gefühle kommt es an

Wenn die Seele von den verschiedenartigsten Versuchungen und Schwierigkeiten heimgesucht wird, wenn sie verlassen und der Geist von tiefer Finsternis umgeben ist, ja man könnte sagen: wenn sie am Kreuze hängt, hilflos, ohne Tröstung, ähnlich dem Heiland, und wenn sie trotzdem mit der Gnade Gottes ruhig und freudig dieses Kreuz annimmt und trägt, und das sogar längere Zeit — dann erst hat sie die wahre Vollkommenheit erreicht. Die Seele kann sich gar nicht vorstellen, in welche Höhen sie sich dann erhebt und welche Ehre ihr Gott im Himmel bereiten wird. Jeder Augenblick, der schmerzhaft für die Seele ist und doch in Ruhe und in Vereinigung mit dem Willen Gottes getragen wird, ist wie ein neues Kleinod aus der himmlischen Krone, die Gott der treuen Seele zugedacht hat. Denn das Wesen der Gottesliebe besteht ja nicht aus Gefühlen, auch nicht aus süßen und gefühlvollen Worten, sondern nur im Wollen. Wenn also die Seele entschieden in ihrem Willen beharrt, weiter nach Heiligkeit zu streben und Gott zu lieben, so wird sie gewiß vorwärtskommen und sich emporschwingen, auch wenn ihr diese oder jene Gefühle im Herzen fehlen.

Vorgeschmack des Himmels

Die schon hier auf Erden etwas vom Himmel gekostet haben, können sich ungefähr vorstellen, wie es einmal im Himmel selbst sein wird. Jeder kann es erfahren, er soll nur wahrhaftig und gewissenhaft, mit tiefer Reue und mit dem besten Vorsatz der Besserung seine Sünden beichten. Er wird dann sofort in sich den Frieden und das Glück verspüren, dem gegenüber alles andere nichts ist und die schmutzigen Vergnügungen der Welt als eine abscheuliche Plage erscheinen. Er soll dann nach einer guten Vorbereitung Jesus im heiligen Sakrament empfangen. Er soll es niemals zulassen, daß seine Seele in der Sünde verharrt, sondern dafür sorgen, daß sie sich sofort wieder reinigt. Er soll seine Pflichten gut erfüllen und demütig und häufig Gebete zum Sohne Gottes emporschicken, vor allem durch die Hände der unbefleckten Jungfrau. Aus Liebe zu Gott soll er Leiden und Schwierigkeiten ertragen. Er soll auch seinen Mitmenschen mit liebevollem Herzen begegnen und nicht um der menschlichen Ehre willen, auch nicht der Dankbarkeit halber allen, sogar seinen Feinden, Gutes tun. Dann wird er merken, was es heißt, einen Vorgeschmack des Himmels zu haben; er wird sogar in der Armut, im Leiden, in der Ruhmlosigkeit, in der Krankheit Frieden und Glück finden. Dieser Vorgeschmack des Himmels ist eigentlich schon eine Verheißung der ewigen Glückseligkeit. Es ist gewiß nicht leicht, sich selbst auf solche Weise zu überwinden, um dieses Glück zu erringen. Aber denken wir daran: Derjenige, der demütig und ständig die Unbefleckte bittet, der wird bestimmt erhört; denn sie kann uns nichts und Gott kann ihr nichts abschlagen, was wir notwendig brauchen.

Wir werden nach dem Tode ernten

Dieses Leben vergeht, und dann erst werden wir belohnt werden. Die kleinste Anstrengung, das geringfügigste Leiden, das wir zur größeren Ehre Gottes auf uns genommen haben, wird uns in alle Ewigkeit reichlich vergolten werden. Gott wird uns nicht nur lohnen, was wir getan haben, sondern sogar das, was wir zu tun vorhatten, aber nicht verwirklichen konnten, weil dies nicht in unserer Macht stand. Wir brauchen uns also keine Sorge zu machen, wenn wir die Früchte unserer Arbeit hier auf Erden nicht mehr sehen. Vielleicht ist es der Wille Gottes, daß wir sie erst nach dem Tode ernten und nur andere sie hier auf dieser Welt sehen.

Stellen wir uns vor, wie uns die ungezählten Scharen der Seelen, denen wir den Himmel geöffnet haben, dankbar sein werden! Wie werden sie uns eine ganze Ewigkeit lang danken, wenn wir auch nur ein wenig zu ihrer Verherrlichung beigetragen haben! Und wie werden wir ihnen danken dafür, daß uns im Himmel die Krone bereitet wurde, weil wir für sie wirken durften!

BETEN,
IMMER WIEDER BETEN!

Um die Gnade beten

Es ist richtig, daß die Gnade Gottes in uns das übernatürliche Leben bewirkt. Aber das Gebet ist wichtig, weil es uns die Gnade herbeiruft. Im Gebet erkennen wir auch unser wirkliches Verhältnis zu Gott: was wir sind und wer Gott ist. Im Gebet erkennen wir an, daß wir aus uns nichts sind und mit der Hilfe Gottes alles. Im Gebet bekunden wir unseren Willen, unser Vertrauen, unseren Eifer. Im Gebet vereinigen sich Glaube, Liebe und Hoffnung.

Vom Gebet hängt alles ab

Wir wissen, woraus wir die übernatürliche Kraft zu unserer Heiligung schöpfen sollen: Wir brauchen die Gnade, und diese Gnade erflehen wir im Gebet. Vom Gebet hängt also alles ab. Wer betet, der wird erlöst, und wer nicht betet, der wird verdammt, sagt der heilige Alfons. Der Satan weiß das genau. Er weiß, daß er immer siegen kann, wenn sich der Mensch nur natürlicher Mittel bedient; denn er ist ein reiner Geist und kann die Dinge besser begreifen als wir, weil er einen Verstand hat, der um vieles schärfer ist als der unsrige. Aber er wird erzittern, wenn jemand höher greift, nach den übernatürlichen Mitteln im Gebet. Dann beginnt er den Kampf mit Gott, und da weiß er selbst, daß er nicht siegen kann. Deshalb gibt er sich alle Mühe, die Seele vom Gebet abzuhalten. Er sorgt für Zerstreuungen, Unlust, Langeweile u. ä., und das spüren wir ja oft genug.

Wie beten?

Durch Gebet und Leiden können wir viele Gnaden erbitten. Äußerliche Aktivität bereitet nur den Weg der Gnade vor, aber sie bringt nicht die Gnade. Wie sollen wir aber beten? Jesus selbst lehrte es uns mit diesen Worten: »Mein Vater, wenn es möglich ist, gehe dieser Kelch an mir vorüber! Aber nicht wie ich will, sondern wie du willst« (Mt 24, 39). Wir dürfen also sehr wohl um die Abwendung der Leiden beten, aber immer nur so, daß wir uns gleichzeitig dem Willen Gottes fügen. Es gibt ein Gebet, das ganz bestimmt dem Willen Gottes entspricht: die Bitte um die eigene Heiligung und die Heiligung anderer. Napoleon wurde einmal gefragt, was dazu gehöre, um eine Schlacht zu gewinnen. Er antwortete: »Geld, Geld und nochmals Geld!« Wenn es um die Heiligung der Seelen geht, müßte man sagen:

Man braucht das Gebet, das Gebet und nochmals das Gebet! Ohne das Gebet wird die Seele schwach. Je mehr man aber aus diesem Gnadenschatz schöpft, desto mehr wird man Gnaden besitzen.

Das verkannte Mittel

Wahrhaftig, das Gebet ist das mächtigste Mittel, um den Seelen Frieden zu bringen, sie zu beglücken, sie der Liebe Gottes näherzubringen. Das Gebet erneuert die Welt. Es ist die Voraussetzung für die Erneuerung des Lebens in jeder Seele. Beten wir! Beten wir gut! Beten wir viel! Mit Worten und in Gedanken! Äußere Tätigkeit ist gut, aber sie ist zweitrangig gegenüber dem inneren Leben, der geistigen Sammlung, dem Gebet, der Gottesliebe. Je mehr wir selbst entflammt sind von der Gottesliebe, desto mehr werden wir auch in anderen diese Liebe entzünden können.

Die kleinen Gebete

Stoßgebete festigen und reinigen die Seele. Sie lassen die Ströme der Gnade reichlicher fließen. Wie viele solcher Gebetsrufe kann man im Lauf des Tages und der Nacht aussprechen! Sie sind sehr wichtig für das geistliche Leben; sie unterhalten es so, wie das Holz das Feuer unterhält.

Vom Geist des Gebetes

Das Gebet ist die Erhebung der Seele zu Gott. Den wahren Geist des Gebetes wird derjenige besitzen, der seine Seele zu Gott erhoben hat. In der Praxis ist das nichts anderes als die Vereinigung unseres Willens mit dem Willen Gottes.

Die geistliche Lesung

Es ist gut, religiöse Bücher zu lesen, besonders solche, die von Heiligen geschrieben wurden. Aber nicht nur einmal lesen, sondern mehrere Male! Der selige Grignion schreibt, daß er aus sich allein manche Dinge nicht begreift. Vom Gebet und von der Demut hängt oft das tiefere Verstehen ab. Wenn wir ein Vergrößerungsglas zur Hand nehmen, sehen wir vieles, was wir mit dem bloßen Auge nicht sehen können. Ähnlich ist es hier: Im Lichte der Demut und des Gebetes werden wir um vieles klarer und tiefer in die Geheimnisse Gottes sehen. Wir beten ja während des

Lesens um die Erkenntnis. Außer dem Lesen muß man auch betrachten und die Betrachtung dann wieder durch ein Gebet ablösen. Wenn wir so betrachten, wird aus dem Reichtum unseres Herzens unser Mund sprechen, und die Themen werden uns ganz von selbst zukommen.

Nicht ablenken lassen

Manchmal lassen sich die Kirchenbesucher durch die schönen Kunstwerke ansprechen statt durch den Herrn Jesus im heiligsten Sakrament. Und manchmal zerstreuen die Schönheiten, statt für das Gebet zu sammeln, widersprechen also dem Ziel einer Kirche. So ähnlich verhält es sich auch mit der »schönen Musik«, deretwegen die Leute in manchen römischen Basiliken zusammenkommen, nur um diese zu hören.

Illusionen der Aktivität

Hüten wir uns vor der Illusion, der Erfolg äußerlicher Geschäftigkeit würde den Wert unseres Tuns beweisen. Bekehrung und Heiligung der Seelen ist und bleibt ein Werk der Gnade Gottes. Weder mit dem gesprochenen noch mit dem gedruckten Wort oder einem anderen äußerlichen Mittel können wir ohne die Gnade Gottes etwas erreichen. Diese Gnade für uns selbst und für andere gewinnen wir durch demütiges Gebet und treue Erfüllung unserer gewöhnlichen, alltäglichen Pflichten. Je näher die Seele Gott ist, desto angenehmer ist sie ihm. Je mehr sie ihn liebt und von ihm geliebt wird, desto erfolgreicher kann sie anderen helfen, die Gnade Gottes zu erlangen, desto eher und vollständiger wird ihr Gebet erhört werden.

Arbeit und Gebet

An einem Arbeitsplatz fand ich einen Zettel, auf dem stand geschrieben, es genüge nicht, etwas zu tun, man müsse es auch schnell tun. Nun ist bei der Arbeit sicher eine gewisse Eile gut, aber sie sollte sich in Grenzen halten. Man muß auch bei einer Arbeit, die uns ganz in Anspruch nimmt, öfter ein Stoßgebet sprechen, damit der Gebetsgeist nicht verlorengeht. Ohne diesen Gebetsgeist wird die Seele vielleicht überzeugt sein, daß sie viel tut; aber es ist wie bei einem Schiff, das schnell fährt und dann an einem Felsen zerschellt.

Unzufriedenheit ist ein Zeichen dafür, daß der Geist des Gebetes in uns schwach ist.

Buße und Arbeit

Nach dem Gebet ist das wichtigste Mittel für unsere Tätigkeit die Buße. Es gibt keinen Heiligen, der sich nicht so oder so Bußen auferlegt hätte. Am wertvollsten ist die Buße, die wir nicht willentlich auf uns nehmen, sind die vielen Leiden, Schwierigkeiten, Widerwärtigkeiten, die uns täglich treffen, die uns von Gott geschickt werden. Und dann die Arbeit, die ganz gewöhnliche tägliche graue Arbeit. Auch hier ist am fruchtbarsten die Pflichtarbeit, die wir aus Gehorsam verrichten müssen. Wenn wir unsere Aufgabe gut erfüllen wollen, müssen vor allen anderen Tätigkeiten Gebet, Buße und Arbeit stehen. Von der Kraft, die uns diese drei geben, wird der Erfolg all unserer Bemühungen abhängen.

Die Frucht der Widerwärtigkeiten

Um uns die Tätigkeit für das Heil der Seelen zu erleichtern, legt uns Gott Kreuze der verschiedensten Art auf. Manchmal sind sie verursacht vom Willen anderer und sie können aus einer guten oder auch aus einer schlechten Absicht erwachsen. Sie können allesamt zu Quellen unzähliger Gnaden werden, wenn wir sie nur richtig nutzen. Wie fruchtbar sind etwa Widerwärtigkeiten, die wir von anderen erfahren. So oft sprechen wir in seliger Hoffnung die Worte des Vaterunsers: »Und vergib uns unsere Schuld, wie auch wir vergeben unseren Schuldigern.« Das ist das Gebet, das uns Jesus selbst gelehrt hat, und es besagt nichts anderes als dies: Wenn wir die Schulden anderer uns gegenüber vergeben, kann uns von Gott auch Verzeihung unserer eigenen Schuld gewährt werden. Wie schwierig wäre letzteres, wenn wir unsererseits nichts zu verzeihen hätten, und was für ein Glück ist es, daß wir soundso oft am Tage Gelegenheit haben, zu verzeihen. Unsere Natur will nichts wissen von Leid und Demütigung, aber im Lichte des Glaubens sind sie notwendig für die Reinigung unserer Seele. Wie willkommen müssen sie uns sein, da sie uns doch Gott näher bringen und dadurch auch unserem Gebet zu größerem Erfolg verhelfen.

Leiden werden zur Quelle der Verdienste

Man muß viel Geduld und Vertrauen zu der Unbefleckten haben und in Schwierigkeiten und Leiden viel beten. Oder ihren süßen Namen »Maria« anrufen oder ein »Gegrüßet seist du, Maria« beten. Und in schwierigen und ernsten Fällen kann auch ein ganzer Teil des Rosenkranzes nicht schaden. So verwandelt sich jede Schwierigkeit und jedes Leiden in eine Quelle der Verdienste.

Gebetsbitte des Journalisten

Betet für mich, daß ich nicht nur rede, sondern vor allem selbst vollbringe, worüber ich schreibe.

SÜNDE UND BUSSE

Wenn du gesündigt hast

Hast du gesündigt? Vielleicht schon ein zweites und drittes Mal? Du spürst, daß dein Herz kalt wird wie ein Eisberg, der die edlen Gefühle des Gottvertrauens, der Gottes- und Nächstenliebe in dir erstarren läßt. Du spürst den Frostmantel, der sich jetzt um deine Seele gelegt hat. Vergebens suchst du nach dem, was einst deine Seele so mild und gut machte: die kleinen Blüten der täglichen Tugenden, die kleinen Abtötungen, die du aus Liebe zu Gott dir auferlegtest und die deiner Seele doch soviel Glück schenkten. Sie sind fort. Und die edlen Gedanken, von denen du glaubtest, sie seien so fest in dir verankert und so unerschütterlich, sie sind weg, sind eingefroren. Und jetzt streckst du deine Hände aus um Hilfe, um Liebe, um Stärkung, und die Vergnügungen, die dir die Welt bietet, sind so kalt, denn es mangelt ihnen ja die wahre Liebe; sie sind so finster, denn sie heißen dich die Augen schließen, damit du ja nicht vorwärts schauest — bis hinter dein Grab!

Dauernde Anstrengung

Wenn du gesündigt hast, brauchst du nicht traurig zu sein; das wäre nur ein Zeichen deines gekränkten Stolzes. Steh vielmehr mit großer Liebe im Herzen und frohen Sinnes sofort wieder auf und schreite weiter voran. Deinen Sündenfall wirst du durch einen Akt der vollkommenen Liebe wieder gut machen, und dann: dauernde, dauernde Anstrengungen! Immer wieder aufs neue den Fuß auf die erste Sprosse stellen, wie es die heilige Theresia vom Kinde Jesu sagt, bis wir Gott so für uns eingenommen haben, daß er kommen muß und uns wieder emporhebt!

Die kleinen Sünden

Wenn man die kleinen Sünden zu leicht nimmt und sich nicht anstrengt, und das Tag für Tag, gibt es auch keinen Fortschritt. Man denkt nur an sich selbst und scheut das Kreuz, denn ein Opfer mag man nicht bringen. Es ist schwer, eine Seele aus solcher geistigen Trägheit zu erwecken und zu der Einsicht zu bringen, daß sie sich endlich bessern muß. Gewiß, sie verspürt bisweilen den Drang zum Guten; aber im allgemeinen geht es doch immer weiter abwärts mit ihr. Nur wenn die Seele sie nutzt, wird sie der Gnaden teilhaftig, und wenn sie dem Anruf der Gnade antwortet, wird sie sich erhöht fühlen. Wenn sie die Gnade aber abweist, wird sie selbst die Verantwortung dafür tragen müssen, daß sie sich ihr versagt hat. Die so aus der Bahn gerieten, sind selbst unglücklich und machen andere unglücklich dazu.

Versuchung ist keine Sünde

Keine Versuchung ist Sünde. Und wenn sie noch so lange andauert — Sünde ist sie niemals; ja, wenn du dich gegen sie wehrst, wird sie sogar zum Boden, aus dem dir Verdienste erwachsen. Man soll sich damit nicht herumquälen und deswegen unruhig werden. Durch die Unruhe will der Satan nur die Seele peinigen. Ich wiederhole also: Keine Versuchung kann der Seele auch nur den geringsten Schaden zufügen, solange wir unsererseits nicht auf sie eingehen.

Mit Liebe büßen

Jesus ermahnt uns, nicht traurig zu sein, wenn wir büßen, denn die Buße muß aus der Liebe kommen. Die Seele, die Gott liebt, trachtet danach, ihm in jedem Augenblick, mit jedem Gedanken, mit jedem Wort, mit jeder Tat, ja mit allem, was sie tut und was sie ist, Freude zu bereiten. Wenn sie dafür einmal auf eine persönliche Annehmlichkeit verzichten muß, wird sie glücklich sein, auf solche Art einen Beweis ihrer selbstlosen Liebe geben zu können. Deshalb sehnten sich auch die Heiligen nach Opfern, nach Kreuzen, weil diese Zeugnis geben von ihrer reinen Liebe.

Freiwillige Buße

Es gibt freiwillige Bußwerke. Wer sie nicht auf sich nehmen will, beweist damit, daß er wenig Liebe zu Gott hat. Zu solchen Bußwerken gehört es zum Beispiel, daß man seine Neugierde etwas zähmt; auch das gegenseitige Verzeihen gehört dazu, das doch eine wertvolle Quelle der Gnade ist. Das sind kleine Bußwerke, die der Gesundheit nicht schaden, uns aber doch viele Gnaden vermitteln.

Ohne Buße keine Gottesliebe

Die Buße hätte für sich allein keinen Wert, aber sie ist eine Hilfe zur Gottesliebe. Liebe ohne Buße, ohne Opfer, ist keine Liebe. Es gibt Seelen, die möchten zwar die Gottesliebe besitzen, meiden aber und fürchten die Buße. Ohne den Geist der Buße und Selbstverleugnung gibt es auch keine Liebe.

Wie büßen?

Nicht alle verfügen über die nötige Gesundheit, um eine strenge Buße auf sich nehmen zu können. Manchmal erlauben es auch die Pflichten nicht. Aber wir wissen ja alle, daß unser Lebensweg voller Kreuze ist. Wenn wir diese Kreuze im Geiste der Buße annehmen, tut sich ein weites Feld der Bußpraxis auf. Wenn wir in jedem Augenblick unseres Lebens unseren Pflichten nachkommen und den Willen Gottes in Taten, Worten und Werken vollkommen erfüllen wollen, brauchen wir dazu schon ein großes Maß an Selbstverleugnung, denn vieles andere erscheint uns ja doch angenehmer.

Die beste Buße ist die getreuliche Erfüllung unserer täglichen Verpflichtungen. Das wichtigste Gebet ist das vorgeschriebene tägliche Gebet. Alle strengen Bußwerke sind gut, sofern sie dem Willen Gottes entsprechen. Aber die wichtigste Buße ist die gute Verrichtung der gewöhnlichen, alltäglichen Aufgaben.

Die Liebe drängt uns

Schlechte Menschen, die einen so verdorbenen Willen haben, daß sie mit vollem Bewußtsein sündigen, gibt es verhältnismäßig wenige. »Sie wissen nicht, was sie tun«, sagte der Erlöser selbst von denen, die ihn kreuzigten. Viel Licht, viel übernatürliches Licht, viel übernatürliche Kraft brauchen diese armen Menschen, diese Unglücklichen, Friedlosen. Wie sollten wir ihnen nicht die Hand reichen, ihnen helfen, ihr Herz zu befrieden und zu erkennen, daß jenseits alles Vergänglichen Gott ihr letztes Ziel ist! Die Nächstenliebe drängt die Seelen, die das wahre Ideal ihres Lebens bereits gefunden haben, diese ihre Mitmenschen nicht zu vergessen.

Verziehen wird dem, der verzeiht

Wenn wir Gott etwas schuldig sind und wir deshalb Verzeihung von ihm erlangen wollen, müssen wir auch den anderen verzeihen. Solange wir noch irgendeine Abneigung gegen andere in uns verspüren, kann uns Gott unsere Sünden auch nicht ganz verzeihen, und wir werden nach unserem Tode wohl sehr lange im Ort der Reinigung büßen müssen.

AM ENDE DES WEGES

Das Leben ist kurz

Wie kurz ist doch das Leben, ihr wißt es alle; und wie schnell läuft die Zeit weg. Verkaufen wir es so teuer wie möglich! Je mehr Leiden, desto besser, denn dann werden wir nach dem Tode nicht leiden müssen. Die Zeit ist kurz, um Beweise unserer Liebe zu geben, und wir leben nur einmal!

Keine Liebe ohne Opfer

Die Liebe lebt und wird genährt vom Opfer. Vollkommenste Liebe ist jener Zustand, in dem Jesus am Kreuz sagen konnte: »Mein Gott, mein Gott, warum hast du mich verlassen?« Ohne Opfer gibt es keine Liebe — ohne das Opfer der Sinne, vor allem aber des Verstandes und des Willens im heiligen Gehorsam. Wenn wir der Güte Gottes mit unserer Liebe begegnen wollen, wenn solche Liebe uns ganz erfüllt, wird die Seele das Opfer als eine Notwendigkeit empfinden. Sie wird danach verlangen, immer neue und stärkere Beweise ihrer Liebe zu erbringen, und diese Beweise werden nichts anderes sein als Opfer.

Kreuze werden über uns kommen, und die Gnade Gottes wird unser Herz mit solcher Liebe entzünden, daß wir uns geradezu sehnen werden nach Leiden — nach Leiden ohne Grenzen, nach Demütigungen, Verhöhnungen und Verlassenheit, um dadurch zu bekunden, wie sehr wir den Vater, unseren besten Freund, und seine teuerste unbefleckte Mutter lieben. Denn Leiden sind die Schule, der Antrieb und die Kraft der Liebe.

Die Schule der Trübsale

Trübsale sind nur eine Schule. Sie vermehren die Verdienste. Sie drücken zwar nieder, aber sie erheben zugleich auf geistige Weise. Und sie lehren uns, nicht den eigenen trügerischen Kräften zu trauen. Aber das kann man nur mit Hilfe der Unbefleckten. Der Herrgott schickt ja Trübsale nur aus seiner Barmherzigkeit.

Wozu schreibe ich das alles? Ich habe an mir selbst erfahren, daß es manchmal schwer ist, sogar sehr schwer . . .

Vom inneren Frieden (1941)

Sicher ist, daß nicht nur das Gleichgewicht der Nerven eine Quelle des Friedens ist; nicht weniger wirkt der innere Frieden auf das Gleichgewicht der Nerven. Mir haben die Ärzte verschiedene Mittel gegen Nervenleiden gegeben. Aber sie haben nur zum Gedächtnisschwund beigetragen und sind im übrigen wirkungslos geblieben. Mache es so: Vor allem meide Traurigkeit und Selbstquälerei. Es besteht ja kein Anlaß zur Traurigkeit. Lenkt die Vorsehung nicht die ganze Welt, und geschieht etwas, wovon der Herrgott nichts wüßte und was er nicht zuließe? Wenn er es aber zuläßt, ist es ohne Zweifel zu unserem Guten.

Deine Leiden sollen dir den Frieden nicht rauben und dich nicht quälen. Das Übel wohnt einzig und allein im Willen. Drum — was immer sich gegen den Willen ereignen mag: Dafür ist er nicht verantwortlich. Selbstquälerei bereitet nur noch mehr Sorgen und verursacht noch größere innere Verstrickungen und Stürme. Also vor allem Ruhe, sehr viel Ruhe und vollkommene Hingabe an den Willen Gottes, an den Willen der Unbefleckten.

Laßt uns auch viel Nachsicht mit den Schwächen der Mitbrüder üben. Der Satan und niemand anders will immer von neuem Verwirrungen und Komplikationen stiften, um dabei etwas zu gewinnen. Aber mit Hilfe der Unbefleckten können wir den Satan immer besiegen.

Ohne Kampf kein Sieg (1927)

Ihr müßt vorbereitet sein auf Zeiten der Dunkelheit, des Unfriedens, der Unsicherheit, auf Anfechtungen, sogar manchmal sehr intensive, auf Leiden des Körpers wie auf hundertmal schwerere in den Tiefen der Seele. Denn wenn nichts zu erdulden wäre, wofür wolltet ihr dann in den Himmel kommen?

Wenn es Anfechtungen und Versuchungen nicht gäbe, dann gäbe es auch keinen Kampf, und ohne Kampf wiederum ist der Sieg unmöglich. Ohne Sieg bekommt man keinen Siegeskranz und keine Belohnung. Seid also schon jetzt für alles bereit!

Andererseits wieder brauchen wir nichts zu befürchten; denn wir können und werden siegen. Und wir müssen — aber auf welche Weise? Nur nicht auf sich selbst vertrauen! Wenn wir alle Anfechtungen und Schwierigkeiten der Unbefleckten anvertrauen und übergeben, werden wir sicher jederzeit siegreich aus dem Kampf hervorgehen. (Natürlich müssen wir auch unsererseits alles tun, um nicht zu fallen.) Die Unbefleckte kann ihre Kinder nicht verlassen.

Aber der Teufel schläft auch nicht, und mit der Zulassung Gottes wird er manchmal verschiedene ›weise Ratschläge‹ erteilen. Er wird euch auf scheinbare Pflichten hinweisen und auf eine andere Glückseligkeit. Aber wer die Unbefleckte von ganzem Herzen liebt, der bemerkt das leicht und treibt den Teufel, den Feind, weg.

Wenn wir ihr treu dienen, helfen wir damit auch der Familie am besten; denn wer könnte mehr als die Unbefleckte imstande sein, der Familie zu helfen? Sie ist besser und mehr als wir selbst dazu fähig. Empfehlen wir ihr alle an, die unserem Herzen teuer sind, und sie, die beste Mutter, wird ihnen am besten helfen.

Und denkt auch aufrichtig jetzt schon daran, wie schön es sein wird, wenn wir auf dem Totenbett ehrlich werden sagen können: »Unbefleckte, ich durfte dir das ganze Leben weihen, für dich habe ich gearbeitet und gelitten; für dich sterbe ich, ich bin dein!« Welcher Frieden, welches Glück in der Hoffnung, sie bald sehen zu dürfen, wird dann unser Herz erfüllen. Und welch eine Begegnung dann im Himmel!

Brief an die im Krieg zerstreuten Brüder (1940)

Meine lieben Kinder! Es sind schon einige Monate verstrichen, seit die Brüder auf den Wunsch der Unbefleckten hin auseinandergegangen sind. Wo immer sich die Seele, die die Unbefleckte wirklich von Herzen liebt, befindet, da verbreitet sie die Liebe zu ihr auch in ihrer Umgebung, d. h. sie gewinnt für sie die Seelen immer zahlreicher und vollständiger.

Zur Zeit ist der Monat Mai, der Monat der Muttergottes. Nicht alle von euch haben Gelegenheit, an den dem Herzen so teuren Maiandachten teilzunehmen. Wo jedoch die Liebe zur Unbefleckten ist, da ist auch die wesentliche Andacht des Herzens. Laßt uns in der Missionierung und im Aufsuchen der Herzen für sie nicht erlahmen! Laßt uns beten, daß sich ihre Herrschaft über die Seelen ausweitet! Laßt uns diesem Ziel unsere Betrübnisse und Unannehmlichkeiten opfern. Und bemühen wir uns vor allem darum, sie zufriedenzustellen. Dies werden wir erreichen, wenn unser Gewissen immer rein ist. Hüten wir uns sorgfältig vor einem unreinen, befleckten Gewissen! Wenn wir es einmal beschmutzt haben, wollen wir es so rasch wie möglich reinigen. Ein vollkommener Liebesakt gebiert die Seele von neuem. Laßt uns dieses Mittel oft anwenden! In der Praxis ist es nicht so schwer, da das Wesen dieses Aktes eine opferbereite Liebe ist.

Meine lieben Kinder! Ich weiß, daß ihr nach der einfachen Atmosphäre des Klosters verlangt. Aber laßt uns einander in der Hoffnung trösten, daß die gegenwärtige Situation, die natürlich nur ein Ausnahmezustand ist, nicht immer anhält und daß die Stunde kommt, da wieder Frieden herrschen und jeder zu seiner eigentlichen früheren Arbeit im Dienst der Unbefleckten und der Seelen zurückkehren wird.

Schließlich haben wir aber auch jetzt eine Sendung, wenn auch in anderer Form und unter anderen Bedingungen. Wie viele Seelen werden der Unbefleckten und euch die ganze Ewigkeit hindurch dafür danken, daß sie gerade auf Grund der gegenwärtigen Zerstreuung die Gelegenheit erhielten, euch zu treffen und sich so der Unbefleckten Mutter der Seelen zu nähern.

An einen Beamten der Besatzungsmacht (1940)

Ich und auch Sie werden in 100 oder auch 200 Jahren nicht mehr leben. Dann werden alle Dinge, auch die dringlichsten und wichtigsten, vergangen sein, und es wird nur das eine bleiben: ob wir noch sind, wo wir uns dann befinden und ob wir auch glücklich sind. Auch bei anderen Menschen ist es damit so. Und jede Stunde nähern wir uns um eine Stunde eben diesem Augenblick.

□

Die heilige Jungfrau ist weder ein Märchen noch eine Legende, sondern eine lebendige Person, die jeden von uns liebt. Nur ist sie nicht genug bekannt und von den Menschen wiedergeliebt. Man muß also ihre gütige Wirksamkeit bekannt machen.

Gott will es

Die Motive wahrer Nächstenliebe sind übernatürlich, sind in der Gottebenbildlichkeit und Gotteskindschaft des Menschen begründet. Wenn der Nächste im Stande der Gnade ist, ist er gar wie ein Geliebter Gottes. Mehr als alle Gemälde und Figuren ist er ein Ebenbild Gottes. Er ist ein lebendiges Bild; Bilder aber ehren wir nicht des Materials wegen, aus dem sie gemacht sind, sondern weil sie uns eine Vorstellung von der Sache oder der Person vermitteln, die sie darstellen.

□

Nicht weil uns die Nächsten sympathisch sind oder nützlich, weil sie reich und einflußreich, vielleicht auch dankbar sind, sollen wir sie lieben. All das wären niedrige Beweggründe. Die wahre Liebe sieht über die Schöpfung hinaus und versinkt in Gott. In ihm, für ihn und durch ihn liebt sie alle, die Guten und die Schlechten, die Freunde und die Feinde. Allen streckt sie ihre liebende Hand entgegen, für alle betet sie, leidet sie und wünscht allen das Beste. Sie will das Glück für alle, denn so will es Gott.

Der letzte Brief

Wegen der Zensur, der alle Post aus dem Konzentrationslager unterworfen war, schrieb P. Maximilian Kolbe den letzten Brief, der von ihm erhalten ist, nicht in seiner polnischen Muttersprache, sondern in Deutsch. Aus dem gleichen Grund unterzeichnete er nicht mit seinem Ordensnamen, sondern mit seinem Taufnamen. Der Brief wird nachstehend in Originalfassung wiedergegeben.

Auschwitz, den: 15 VI 1941

Meine liebe Mutter,

Mit einem Transport am Ende des Monats Mai bin ich zu Auschwitzs (Oswiecim) Lager gekommen.

Bei mir ist alles gut. Sei, liebe Mutter, ruhig über mich und meine Gesundheit, weil der liebe Gott ist in jedem Orte und denkt mit grosser Liebe über Alle und alles.

Es wäre gut mir vor meinem noch einem Brief noch nicht zu schreiben, weil ich weiss nicht, wie lange ich hier bleiben werde.

Mit herzlichen Grüssen und Küssen

Kolbe Rajmund

GEBETE DES SELIGEN MAXIMILIAN KOLBE

Hingabe

Unbefleckte Königin des Himmels und der Erde, du Zuflucht der Sünder und unsere barmherzigste Mutter, ich unwürdiger Sünder werfe mich zu deinen Füßen nieder und bitte dich demütig: Nimm mich ganz als dein Eigentum an und tue mit mir und mit allen meinen Fähigkeiten der Seele und des Leibes, mit meinem ganzen Leben und Sterben und für meine Ewigkeit das, was dir gefällt.

Ich bin dein, Mutter

Sei gepriesen in Ewigkeit, Herrin, Königin, du meine Mutter. Du gedenkst meiner, der ich voller Stolz bin, voller Eigenliebe. Beim jüngsten Gericht werden alle erkennen, daß du mir alles gabst und daß ich nichts bin ohne deine Hilfe. Sei gepriesen in Ewigkeit, du Unbefleckte. Dir gehöre ich ganz und gar, mit Leib und Seele. Mein ganzes Leben, meinen Tod und meine Ewigkeit gebe ich für immer in deine Hand. Tu alles mit mir, wie es dir gefällt; ich will immer damit zufrieden sein. Ich bin dein, meine Mutter.

Gebet um Rettung

Mutter, ich weiß nicht, wohin mich alles führen wird, aber tu mit mir und mit allem so, wie es dir gefällt, zur größeren Ehre Gottes. Du siehst, wie elend ich bin, wie ich vor dem Abgrund stehe und voll der Eigenliebe bin. Wenn du mich nur einen Augenblick aus deinen unbefleckten Händen läßt, werde ich sofort in die schwersten Sünden und in die tiefsten Abgründe fallen. Aber wenn du mich hältst und führst, werde ich sicher nicht fallen, sondern heilig werden.

Wann wirst du aller Mutter sein?

Manche kennen nicht einmal deinen Namen, o Unbefleckte. Andere stecken im Sumpf der Unmoral und wagen es nicht, ihre Augen zu dir zu erheben. Wiederum andere glauben, sie bräuchten dich nicht, um ihre Lebensziele zu erreichen, und es gibt sogar solche, denen der Teufel, der dich selbst als seine Königin nicht anerkennen wollte und deshalb vom Engel zum Satan wurde, verbietet, vor dir ihre Knie zu beugen. Viele lieben dich, aber wenige sind bereit, für deine Liebe alles zu wagen und jede Arbeit, jedes Leiden, ja sogar das Opfer des Lebens auf sich zu nehmen.

Wann, o Herrin, wirst du in allen Herzen herrschen? Wann werden alle Erdenbewohner dich als ihre Mutter und den Vater im Himmel als ihren Vater anerkennen, um sich so dann als Brüder zu fühlen?

Marienpreis

Laß mich dich preisen, heiligste Jungfrau.

Laß mich dich preisen mit all meiner Kraft.

Laß mich für dich — und nur für dich — leben, arbeiten, leiden, für dich mich selbst verzehren und sterben.

Laß mich mit beitragen zur Vermehrung deiner Ehre.

Laß mich dir soviel Ehre erweisen, wie dir noch niemand erwiesen hat.

Laß andere mich im Eifer für deine Ehre übertreffen und mich dann — wie in einem edlen Wettstreit — immer eindrucksvoller und öfter deine Ehre weiterverkünden, immer mehr, so wie der es will, der dich so unaussprechlich hoch über alle andere Wesen erhoben hat.

DEUTSCHSPRACHIGE LITERATUR ÜBER P. MAXIMILIAN KOLBE

Maria Winowska: Pater Maximilian Kolbe. Ein Leben im Dienst der Immaculata. Freiburg/Schw. 1952

R. B. Rüegg: Pater Maximilian Kolbe. Bern 1958

Ludwig Renggli: General der geheimen Armee. Maximilian Kolbe, ein moderner Apostel und Martyrer. Würzburg 1959

Franz Xaver Lesch: P. Maximilian Kolbe. Würzburg 1964

Kamil Wenzel: Pater Maximilian Kolbe. Ritter der Immaculata. München 1971

Franz Xaver Lesch / Helmut Holzapfel: Allen Menschen Bruder. 2. Aufl. Würzburg 1972

Maria Winowska: Das Geheimnis des Pater Maximilian Kolbe. Aschaffenburg 1972

Mila van Laak: Maximilian Kolbe. Wegbereiter des Friedens. Würzburg 1973

Virgil Kinzel: Maximilian Kolbe — der Heilige zwischen Polen und Deutschen. Anregungen für einen Wortgottesdienst. München 1974

S. C. Lorit: Maximilian Kolbe. Chronik der letzten Tage. Aschaffenburg 1974

Walter Nigg: Der unbekannte Heilige. Maximilian Kolbe. Sonderdruck aus „Friede und Heil". Würzburg 1974

Juwentin Maria L. Mlodozeniec: Ich kannte Pater Maximilian Kolbe. Wien 1976

Theodor von Vittinghoff-Schell: Hier ist dein Bruder! Leben und Sterben des Paters Maximilian Kolbe. Leipzig

Jan Dobraczynski: Maximilian Kolbe. Freiburg 1977

INHALT

»BLEIBT IN MIR«

MARIA — VOLL DER GNADEN

HEILIG WERDEN